DEUTSCH ALS FREMDSPRACHE IN DER WIRTSCHAFT

DAS TESTBUCH WIRTSCHAFTSDEUTSCH

Training zum Test WiDaF
Neubearbeitung

von
Margarete Riegler-Poyet · Bernard Straub · Paul Thiele

AHK
Deutsch-Französische
Industrie- und Handelskammer
Chambre Franco-Allemande
de Commerce et d'Industrie

Ernst Klett Sprachen
Stuttgart

Das Testbuch Wirtschaftsdeutsch – Training zum Test WiDaF (Neubearbeitung)
von Margarete Riegler-Poyet, Bernard Straub und Paul Thiele

Jürgen Boelcke, Mitautor der ersten Auflage, ist leider verstorben.
Das Autorenteam hat seine Anteile am Manuskript für die Neubearbeitung aktualisiert.

Umschlaggestaltung: Diamond Graphics, Augsburg
Layout und Satz: Franzis print & media GmbH, München
Redaktion: Sabine Wenkums

CD zum Testheft:

Sprecher(innen): Ulrike Arnold, Stephanie Gerlach, Heinz Graf, Monika Hossfeld und Peter Veit

Tonaufnahmen
und Postproduktion: Tonstudio Graf, Puchheim

Regie: Sabine Wenkums

1. Auflage 1 12 11 10 9 8 | 2023 22 21 20 19

Gesamtherstellung: Print Consult GmbH, München

ISBN 978-3-12-606184-1

9 783126 061841

Inhaltsverzeichnis

Einleitung

Das Testbuch Wirtschaftsdeutsch – Training zum Test WiDaF bietet Lernenden auf fortgeschrittenem Niveau die Möglichkeit, ihre Kenntnisse in Wirtschaftsdeutsch zu erweitern, zu vertiefen und zu überprüfen. Durch gezieltes Training der deutschen Wirtschaftssprache wird effizient auf den **Test WiDaF** vorbereitet.

Was ist der *Test WiDaF*?

Der **Test WiDaF** (**D**eutsch **a**ls **F**remdsprache in der **Wi**rtschaft) wurde von der Deutsch-Französischen Industrie- und Handelskammer in Paris entwickelt und gibt Auskunft über die Fähigkeit, die deutsche Sprache insbesondere im Berufs- und Wirtschaftsleben anzuwenden.

An wen wendet sich der Test?

Der Test richtet sich
- an Studenten und Berufstätige, die eine offizielle Bestätigung ihrer Sprachkenntnisse erlangen wollen;
- an Personen, die sich um eine Stelle bewerben, die Deutschkenntnisse erfordert;
- an alle, die ihre Kenntnisse in der Fachsprache »Wirtschaft« besser einschätzen möchten.

Der **Test WiDaF** steht allen offen, die über allgemeine und berufsbezogene Kenntnisse der deutschen Sprache verfügen, ohne dass diese ihre Muttersprache ist.

Aufgaben

- Es werden 150 Fragen aus sämtlichen Wirtschaftsbereichen und Situationen im Berufsleben gestellt.
- Die Fragen werden in Multiple-Choice-Form dargeboten.
- Vier Antworten sind vorgegeben, wobei eine Antwort richtig ist.
- Der Test wird nur schriftlich durchgeführt. Die richtige Antwort wird auf einem Antwortbogen angekreuzt.

Bereiche

Fachlexik	Themengebiete: Betrieb, Verwaltung, Personalwesen, Finanzen, Bank, Versicherungswesen, Produktion, Handel, Werbung, Marktforschung, Messen, Handelskorrespondenz, Berichte, Protokolle, Grafiken.
Grammatik	Deklination, Verbformen, Präpositionen, Adverbien, Konjunktionen, Pronomen, Sprachbausteine.
Leseverstehen	Berufsrelevante Texte, z.B. Artikel aus der Presse, Geschäftsberichte, Produktbeschreibungen, Werbetexte.
Hörverstehen	Einfache Aussagen, Dialoge, Interviews, Telefongespräche, simulierte Situationen aus der Arbeitswelt.

Dauer des Tests

Die Gesamtdauer des Tests beträgt 2 Stunden 30 Minuten.
1 Stunde 45 Minuten werden für Fachlexik, Grammatik und Leseverstehen benötigt,
45 Minuten für das Hörverstehen.

Korrektur und Bewertung

Die Korrektur des Tests erfolgt mittels EDV. Mithilfe eines Scanners werden die auf dem Antwortbogen markierten Antworten auf den Computer übertragen und ausgewertet.
Beim **Test WiDaF** kann der Kandidat / die Kandidatin insgesamt 990 Punkte erreichen. Die Punkte werden je nach Schwierigkeitsgrad der Aufgaben verteilt.
Man kann beim **Test WiDaF** nicht durchfallen, denn jeder Kandidat / jede Kandidatin erreicht je nach Sprachkenntnissen eine gewisse Punktezahl. Ein Zertifikat bestätigt diese Punktezahl.
Eine Beschreibung des Niveaus erlaubt sowohl den Kandidaten als auch den Unternehmen, die sprachlichen Fähigkeiten der getesteten Person zu beurteilen.

Wo kann der Test abgelegt werden?

Der **Test WiDaF** kann an den deutschen Auslandshandelskammern in vielen Ländern abgelegt werden, deren Adressen Sie auf der Website des Deutschen Industrie- und Handelskammertages (http://www.dihk.de) finden.

Das Testbuch Wirtschaftsdeutsch – Training zum Test WiDaF

Das vorliegende Programm ist eine effiziente Hilfe zur Vorbereitung auf den **Test WiDaF** und zur Vertiefung Ihrer Wirtschaftsdeutschkenntnisse.

Wie arbeitet man mit diesem Programm?

Das Testbuch Wirtschaftsdeutsch – Training zum Test WiDaF besteht aus zwei Teilen: dem Übungsteil und dem Modelltest.

Der **Übungsteil** besteht aus vier Kapiteln:

Teil 1 Fachlexik
Teil 2 Grammatik
Teil 3 Leseverstehen
Teil 4 Hörverstehen, mit CD und den Transkripten der Hörtexte im Buch

Zu jedem Teilbereich finden Sie zahlreiche Aufgaben, die Sie auf den Modelltest vorbereiten.

Der **Modelltest** entspricht in der Form und im Niveau dem **Test WiDaF**. Er besteht wie der Übungsteil aus den vier Bereichen Fachlexik, Grammatik, Leseverstehen und Hörverstehen (mit Transkripten der Hörtexte im Buch) und enthält 150 Aufgaben zu diesen Bereichen.
Bei der Bearbeitung des Modelltests sollten Sie die Zeitangaben einhalten, d. h., in einer Stunde und 45 Minuten sollten Sie die Teile Fachlexik, Grammatik und Leseverstehen bearbeiten. Beim Teil Hörverstehen lassen Sie bitte die CD immer weiterlaufen und beantworten die Fragen in der vorgesehenen Zeitspanne.

Die **Lösungen** ab S. 138 des Buches bieten Ihnen die Möglichkeit, Ihre Kenntnisse sofort zu überprüfen, Ihre Schwächen zu erkennen und Übungen zu deren Verbesserung zu machen.

Es gibt zwei Möglichkeiten, das Programm zu verwenden:

Verwendungsmethode 1

- Bearbeiten Sie schrittweise die Aufgaben des Übungsteils (Fachlexik, Grammatik, Leseverstehen und Hörverstehen).
- Machen Sie den entsprechenden Teil des Modelltests.
- Notieren Sie eventuelle Fehler.
- Bearbeiten Sie – wenn nötig – denselben Teil noch einmal.
- Gehen Sie dann zu einem anderen Teil über.
- Machen Sie nach Bearbeitung aller Teile den Modelltest noch einmal.
- Vergleichen Sie die Ergebnisse.

Haben Sie sich verbessert?

Verwendungsmethode 2

- Machen Sie den Modelltest.
- Notieren Sie die Teile, in denen Sie die meisten Fehler gemacht haben.
- Bearbeiten Sie im Übungsteil die Abschnitte, wo Sie Fehler gemacht haben.
- Machen Sie den Modelltest noch einmal.
- Vergleichen Sie die Ergebnisse.

Haben Sie sich verbessert?

Verwendung der CD

Training Wir raten Ihnen:
Schalten Sie beim Bearbeiten des Übungsteils nach jeder Frage das Gerät aus und nehmen Sie sich Zeit, um die richtige Antwort zu finden.

Testsituation Wir raten Ihnen:
Lassen Sie beim Modelltest die CD immer weiterlaufen und beantworten Sie die Frage in der vorgegebenen Zeit (15 Sekunden pro Antwort).

Eine Übersicht zu den Tracks der CD finden Sie auf S. 143.

Geleitwort des Präsidenten der Deutsch-Französischen Industrie- und Handelskammer, Philippe Carli

In der durch die Globalisierung geprägten Wirtschaft werden Fremdsprachenkenntnisse und Kenntnisse der anderen Kulturen zur Steigerung der Wettbewerbsfähigkeit der Unternehmen immer wichtiger.

Um erfolgreich zu sein, ist es immer von Vorteil, wenn man die Sprache des Geschäftspartners spricht und dessen Unternehmenskultur versteht. Dies gilt insbesondere bei Geschäften mit kleinen und mittelständischen deutschen Unternehmen, dem Rückgrat und Motor der deutschen Wirtschaft. Deutsch als Fremdsprache in der Wirtschaft hat deshalb nach wie vor seine besondere Bedeutung im internationalen Wirtschaftsgeschehen.

Die deutschen Sprachkenntnisse wirtschafts- und praxisnah zu evaluieren und zu validieren, hat sich die Deutsch-Französische Industrie- und Handelskammer zur Aufgabe gemacht. Unternehmen werden so bei der Einstellung von deutschsprachigem Personal unterstützt und Bewerbern wird geholfen, das Niveau ihrer berufsrelevanten Deutschkenntnisse festzustellen und zu zertifizieren.

Der Test WiDaF, als objektiver und standardisierter Sprachtest, ist das Instrument zur schnellen Leistungsmessung für Unternehmen, Hochschulen und andere Bildungseinrichtungen.
Er wurde 1996 an der Deutsch-Französischen Industrie- und Handelskammer entwickelt und kann inzwischen weltweit in über 120 Testzentren abgelegt werden.

Das Testbuch Wirtschaftsdeutsch – Training zum Test WiDaF bereitet effizient auf den Test WiDaF vor. Es trägt auch dazu bei, die Kenntnisse der deutschen Wirtschaftssprache zu erweitern und so die Zusammenarbeit mit deutschen Unternehmen erfolgreich zu gestalten.

Im Interesse der erfolgreichen Entwicklung internationaler Wirtschaftsbeziehungen, die auch zur Verständigung unter den Bürgern verschiedener Länder und Kulturen beitragen, wünsche ich dem vorliegenden Werk eine weite Verbreitung und den Testkandidaten einen erfolgreichen Nutzen.

Philippe Carli

Genauere Informationen über den Test WiDaF erhalten Sie bei der Deutsch-Französischen Industrie- und Handelskammer:

Deutsch-Französische Industrie- und Handelskammer
18, rue Balard
F-75015 Paris
www.deutschfranzoesisch.com

A Synonyme

Wählen Sie das passende Synonym (Substantiv) und markieren Sie die richtige Lösung: a, b, c oder d. Eine Antwort ist richtig.

1. **das Lichtbild**
   a) das Plakat
   b) das Foto
   c) der Prospekt
   d) der Werbezettel
2. **die Geschäftszeiten (Pl.)**
   a) die Öffnungszeiten (Pl.)
   b) das Ladenschlussgesetz
   c) die Eröffnung
   d) die Geschäftsbedingungen (Pl.)
3. **die Herstellung**
   a) die Leistung
   b) der Verlust
   c) der Gewinn
   d) die Produktion
4. **die Beschwerde**
   a) die Anklage
   b) die Reklamation
   c) der Fehler
   d) der Mangel
5. **der Prospekt**
   a) die Werbeschrift
   b) die Werbedurchsage
   c) der Werbespruch
   d) der Werbetrick
6. **der Kredit**
   a) die Aktie
   b) der Anteilschein
   c) das Darlehen
   d) das Wertpapier
7. **die Flaute**
   a) die Expansion
   b) der Verlust
   c) die Fusion
   d) der Konjunkturstillstand
8. **die Lohn- und Gehaltsempfänger (Pl.)**
   a) die Beamten (Pl.)
   b) die Arbeitnehmer (Pl.)
   c) die Arbeiter (Pl.)
   d) die Angestellten (Pl.)
9. **die Marktanalyse**
   a) das Marketing-Mix
   b) die Marktnische
   c) die Marktlücke
   d) die Marktstudie
10. **der Wettbewerb**
    a) die Konkurrenz
    b) der Leistungsdruck
    c) die Marktwirtschaft
    d) die Planwirtschaft
11. **die Unternehmensleitung**
    a) das Personalwesen
    b) das Controlling
    c) das Management
    d) das Marketing
12. **das Budget**
    a) die Bilanz
    b) der Haushalt
    c) die Rechnungslegung
    d) der Kostenvoranschlag
13. **die Kommerzialisierung**
    a) die Marktprognose
    b) die Verkaufsförderung
    c) die Vermarktung
    d) die Absatzpolitik
14. **die Betriebswirtschaft**
    a) die Mikroökonomie
    b) der Handwerksbetrieb
    c) der Großbetrieb
    d) die Makroökonomie

15. der Konkurs
a) der Wettkampf
b) die Selektion
c) die Pleite
d) die Rivalität

16. die Konjunktur
a) die anhaltende Rezession
b) die wirtschaftliche Entwicklungstendenz
c) der ausbleibende Boom
d) die lahme Expansion

17. die Inflation
a) die Kaufkraftzunahme
b) der Fehlbetrag
c) die Geldentwertung
d) die Preissenkung

18. das Bruttosozialprodukt
a) der Wert der Güter und Dienstleistungen
b) das Einkommen der Erwerbstätigen
c) die Vergütung der Sozialarbeiter
d) der Haushalt eines Sozialstaates

19. die Dienstleistungen (Pl.)
a) der primäre Sektor
b) der tertiäre Sektor
c) der sekundäre Sektor
d) der quaternäre Sektor

20. der öffentliche Dienst
a) die Öffentlichkeitsarbeit
b) die Sozialversicherung
c) die öffentlichen Mittel (Pl.)
d) der Staatsdienst

21. der Existenzgründer
a) der Entwicklungshelfer
b) der Geburtshelfer
c) der Unternehmensgründer
d) der Lebensversicherer

22. die Belegschaft
a) das Personal
b) die Stellenbesetzung
c) die Stammkundschaft
d) die Arbeitsstelle

23. der Hilfsarbeiter
a) der Facharbeiter
b) der Vorarbeiter
c) der angelernte Arbeiter
d) der ungelernte Arbeiter

24. das Resultat
a) das Ereignis
b) das Ergebnis
c) die Erlaubnis
d) die Erkenntnis

25. die Fusion
a) der Zusammenschluss
b) die Aufnahme
c) die Verbindung
d) der Ausschluss

26. die Distribution
a) der Antrieb
b) der Austrieb
c) der Betrieb
d) der Vertrieb

27. der Verbraucher
a) der Käufer
b) der Kunde
c) der Konsument
d) der Klient

28. die Prokura
a) die Großmacht
b) die Vollmacht
c) die Übermacht
d) die Allmacht

29. der Handelsreisende
a) der Börsenmakler
b) der Zollbeamte
c) der Händler
d) der Vertreter

30. die Anschrift
a) die Adresse
b) der Geschäftszweig
c) der Firmenname
d) die Branche

Das unterstrichene Wort kann durch ein Synonym ersetzt werden. Eine Antwort ist richtig.

31. Haben Sie die eingegangene Ware kontrolliert, Herr Douglas?
a) anvisiert
b) überprüft
c) filtriert
d) ausgewählt

32. Vergessen Sie die Sitzung am nächsten Donnerstag nicht.
a) das Gespräch
b) die Auseinandersetzung
c) die Mitteilung
d) die Versammlung

33. Jeder Gehaltsempfänger bekommt für seine geleistete Arbeit eine Bezahlung.
a) einen Sold
b) eine Vergütung
c) eine Gage
d) ein Honorar

34. Für defekte Waren erhalten Sie einen Rabatt.
a) einen Preisnachlass
b) eine Preisgarantie
c) eine Preiserhöhung
d) einen Preisstopp

35. Die Börse boomt. Kaufen Sie Aktien.
a) Wertbriefe
b) Wertgegenstände
c) Wertpapiere
d) Wertsachen

36. Das ist mir zu teuer. Diese Summe scheint mir zu hoch.
a) Dieses Ergebnis
b) Dieser Betrag
c) Dieser Rest
d) Dieser Beitrag

37. Teilzahlungen erleichtern den Kauf von Konsumgütern.
a) Ratenkäufe
b) Panikkäufe
c) Gelegenheitskäufe
d) Hamsterkäufe

38. Der Erwerb dieses Grundstücks kommt ihn teuer zu stehen.
a) Der Verkauf
b) Die Erschließung
c) Die Bebauung
d) Der Kauf

39. Halbtagsarbeit trägt zur Flexibilisierung der Arbeitszeit bei.
a) Zeitarbeit
b) Teilzeitarbeit
c) Schwarzarbeit
d) Zwangsarbeit

40. Die Kosten für die Mietzahlung von Investitionsgütern können Sie von den Steuern absetzen.
a) das Leasing
b) das Abonnement
c) die Verleihung
d) die Pacht

41. Die Arbeitslosenzahlen konnten gesenkt werden.
a) erhöht
b) vermindert
c) geschwächt
d) vergrößert

42. Er muss die Rechnung schnellstens bezahlen.
a) begleichen
b) ausmachen
c) zählen
d) ausgleichen

43. Um ihr Personal zu schulen, müssen die Betriebe viel Geld in die Weiterbildung stecken.
a) die Schulbildung
b) das Studium
c) die Fortbildung
d) die Forschung

44. Erzeugen Sie auch Reiswein, Herr Ling?
a) Liefern
b) Verkaufen
c) Produzieren
d) Vermitteln

45. Wir können Ihnen eine Liste der Jugendherbergen senden, jedoch ohne Gewähr.
a) Frist
b) Risiko
c) Leistung
d) Garantie

46. Als Fachmann können Sie mir sicher einen Rat geben.
a) Spezialist
b) Gönner
c) Arbeiter
d) Laie

47. Wurde der Termin für das Treffen schon festgelegt?
a) zugeschrieben
b) festgesetzt
c) angesetzt
d) zugeteilt

48. Der Beginn seines Vortrags war sehr interessant.
a) Der Anbruch
b) Die Erschließung
c) Der Anfang
d) Die Öffnung

49. Sie bekam die Warenprobe umsonst.
a) berechnet
b) bezahlt
c) verrechnet
d) gratis

50. Sie rechnete nicht mehr mit dem Einverständnis ihres Vorgesetzten.
a) dem Zuspruch
b) der Zustimmung
c) dem Einspruch
d) der Einstimmung

B Sprachbausteine

Wählen Sie das passende Wort (Verb). <u>Eine</u> Antwort ist richtig.

1. eine Marktlücke entdecken
a) abschließen
b) verschließen
c) entdecken
d) zudecken

2. Marktanteile gewinnen
a) beherrschen
b) gewinnen
c) verlängern
d) kommerzialisieren

3. Kunden ________
a) befragen
b) beantworten
c) befürworten
d) bitten

4. eine Umfrage durchführen
a) einführen
b) führen
c) erledigen
d) durchführen

5. eine Zielgruppe ________
a) erreichen
b) entsprechen
c) ausmachen
d) abfinden

6. einen hohen Umsatz ________
a) verdienen
b) betragen
c) erzielen
d) reichen

7. einen Flug ________
a) kaufen
b) buchen
c) abnehmen
d) bestellen

8. einen Bedarf ________
a) decken
b) füllen
c) bestehen
d) schütten

9. Die Preise ________ um 5%.
a) steigern
b) wachsen
c) steigen
d) vermehren

10. Die Kosten sinken um 3 Prozent.
a) senken
b) vermindern
c) verringern
d) sinken

11. einen Fragebogen ________
a) ausschreiben
b) füllen
c) schreiben
d) ausfüllen

12. ein Darlehen ________
a) liefern
b) stellen
c) gewähren
d) ordern

13. eine Anzeige ________
a) aufgeben
b) ausgeben
c) vergeben
d) angeben

14. einen Arbeitsvertrag ________
a) schreiben
b) unterzeichnen
c) zeichnen
d) beschreiben

15. mit jdm. Geschäftsverbindungen __________
a) aufstellen
b) verbinden
c) bekommen
d) aufnehmen

16. Werbespots __________
a) funken
b) ausstrahlen
c) verbreiten
d) emittieren

17. den Verkauf __________
a) fördern
b) bestellen
c) abstellen
d) befördern

18. Verantwortung __________
a) ergreifen
b) nehmen
c) übernehmen
d) lassen

19. Das Werbebudget __________ 3 Millionen Euro.
a) erzielt
b) bezieht sich auf
c) beläuft sich auf
d) reicht

20. in einem Unternehmen __________
a) tätig sein
b) tätigen
c) aktiv sein
d) handeln

21. eine zu hohe und __________ Investition
a) köstliche
b) kostbare
c) kostspielige
d) kostenlose

22. eine __________ Konkurrenz
a) harte
b) strenge
c) dicke
d) feste

23. mit __________ Grüßen
a) freudigen
b) vorzüglichen
c) geehrten
d) freundlichen

24. der __________ Wettbewerb
a) unreine
b) unlautere
c) unehrliche
d) unredliche

25. die __________ Werbung
a) irrsinnige
b) irre
c) irreführende
d) irrige

26. die __________ Öffentlichkeit
a) breite
b) hohe
c) große
d) gewaltige

27. __________ Summen
a) wichtige
b) bedeutsame
c) führende
d) bedeutende

28. __________ Preise
a) niedergedrückte
b) niedrige
c) niederträchtige
d) niedliche

29. eine __________ Beratung
a) künstliche
b) kundige
c) kenntliche
d) fachmännische

30. __________ Waren
a) preiswerte
b) preisbewusste
c) preisgegebene
d) preistreibende

31. die __________ Berufe
a) freihändigen
b) freien
c) freigegebenen
d) freistehenden

32. die __________ Angestellten
a) führenden
b) regierenden
c) dirigierenden
d) leitenden

33. Waren des __________ Bedarfs
a) tägigen
b) tagelangen
c) tageweisen
d) täglichen

34. der Tag der __________ Tür
a) aufgeschlossenen
b) verschlossenen
c) offenen
d) geöffneten

35. die __________ Bevölkerung
a) erwerbstätige
b) berufliche
c) tätige
d) arbeitsame

36. die __________ Datenverarbeitung
a) computerisierte
b) elektronische
c) elektrische
d) elektrisierte

37. eine angenehme und __________ Textverarbeitung
a) fröhliche
b) benutzerfeindliche
c) benutzerfreundliche
d) traurige

38. __________ und juristische Personen
a) moralische
b) physische
c) legitime
d) natürliche

39. Gesellschaft mit __________ Haftung
a) beschränkter
b) restriktiver
c) begrenzter
d) limitierter

40. eine __________ Zahlungsbilanz
a) schleichende
b) überschüssige
c) galoppierende
d) reichliche

41. Dank der Geldautomaten verfügen Sie jederzeit über __________.
a) Kleingeld
b) Bargeld
c) Taschengeld
d) Wechselgeld

42. __________ der Billiglohnländer gefährden die heimische Wirtschaft.
a) Wucherpreise
b) Höchstpreise
c) Selbstkostenpreise
d) Dumpingpreise

43. Durch ihre Aktien haben die Aktionäre Anspruch auf __________.
a) Prämien
b) Tantiemen
c) Zinsen
d) Dividenden

44. Dank der __________ nehmen die Arbeitnehmer am Entscheidungsprozess des Unternehmens teil.
a) Mitsprache
b) Selbstbeteiligung
c) Mitbestimmung
d) Selbstbestimmung

45. Die Arbeitszeit-__________ trägt zur Flexibilisierung der Arbeitswelt bei.
a) -kürzung
b) -herabminderung
c) -verkürzung
d) -schwund

46. Gehälter werden vom Arbeitgeber auf __________ überwiesen.
a) Sparkonten
b) Spendenkonten
c) Girokonten
d) Wertpapierkonten

47. Diese Firma muss noch ins Handels-__________ eingetragen werden.
a) -buch
b) -band
c) -verzeichnis
d) -register

48. __________ spielen für die deutsche Wirtschaft eine große Rolle.
a) Messen und Ausstellungen
b) Ausstellungen und Salons
c) Salons und Schauen
d) Messen und Schauen

49. Das neue Computermodell war der __________ auf der Hannovermesse.
a) Renner
b) Springer
c) Longseller
d) Läufer

50. Die __________ vergleicht den Warenimport und -export eines Landes.
a) Zwischenbilanz
b) Handelsbilanz
c) Schlussbilanz
d) Zahlungsbilanz

C Handelskorrespondenz

Wählen Sie den passenden Ausdruck aus der unten stehenden Liste und markieren Sie die richtige Lösung: a, b oder c. Eine Antwort ist richtig.

1. Anfrage

Steinli & Söhne KG
Steilweg 8 · CH-8003 Zürich

INTERKOMMUNIKATION
__1__ Frau Ursula Mennens
Heinestr. 17

D-40213 Düsseldorf

Zürich, den 8. Februar ....

Übersetzungsprogramme

Sehr geehrte Frau Mennens,

wir haben uns auf der *Expolangues*, der Sprachenmesse in Paris __2__, wo ich mit großem Interesse Ihre Präsentation des neuen Übersetzungsprogramms verfolgt habe. Wir sind ein in der Schweiz __3__ Unternehmen und __4__ in viele Länder. Ihre Übersetzungsprogramme für Englisch, Französisch und Spanisch interessieren uns sehr, weil wir oft __5__ unserer Kunden zu übersetzen haben. Wir würden gern 50 Computer mit einem Übersetzungsprogramm __6__ und __7__ Sie daher, uns __8__ ausführliche Informationen und einen Kostenvoranschlag zu senden. Für die __9__ einer Demo-Diskette in jeder der angegebenen Sprachen danken wir __10__ im Voraus.

Mit freundlichen Grüßen

Steinli & Söhne KG

Johann Bircher

1.	a) z.B.	b) Betr.	c) z. Hd.
2.	a) getroffen	b) getrennt	c) begegnet
3.	a) sitzendes	b) liegendes	c) ansässiges
4.	a) einführen	b) exportieren	c) importieren
5.	a) Grundlagen	b) Unterlagen	c) Papierwaren
6.	a) ausstellen	b) ausschmücken	c) ausstatten
7.	a) bitten	b) fragen	c) erkundigen uns
8.	a) umgehend	b) umgebend	c) umfassend
9.	a) Zuversicht	b) Zusendung	c) Zustimmung
10.	a) Sie	b) Ihnen	c) euch

2. Angebot

Riem GmbH
Schlickgasse 38 · A-1090 Wien

Mr. Jerry Hunter
Thorsan Corporation
2393 Sheridan Road
Atlanta, GA 30339
USA

30. 04. . . . .

Angebot

Sehr geehrter Herr Hunter,

Ihre __1__ vom 24. d.M. haben wir dankend __2__ und freuen uns über Ihr Interesse an unseren Weingläsern.
In der __3__ senden wir Ihnen unseren neuesten Katalog und machen Ihnen folgendes Angebot:

Rotweinglas	Artikel-Nr. 3627	Preis 36,40 Euro pro Stück
Weißweinglas	Artikel-Nr. 3718	Preis 34,80 Euro pro Stück

Wir __4__ Ihnen einen Mengenrabatt von 5%, wenn Sie von jedem Artikel mindestens 100 Stück bestellen. Die __5__ beträgt vier Wochen. Der __6__ versteht sich ab Werk. Die Zahlung ist innerhalb von 30 Tagen nach __7__ ohne Abzug fällig. Sobald die Ware __8__ ist, werden Sie schriftlich darüber __9__ .
__10__ Auftrag sehen wir gerne entgegen und verbleiben

mit freundlichen Grüßen

Riem GmbH
Ingrid Hamann
Ingrid Hamann

1.	a) Angabe	b) Anfrage	c) Bestellung
2.	a) entnommen	b) behalten	c) erhalten
3.	a) Anlage	b) Zuschrift	c) Beilegung
4.	a) gewähren	b) lassen	c) zugestehen
5.	a) Lieferung	b) Lieferformalitäten	c) Lieferzeit
6.	a) Preis	b) Auftrag	c) Rabatt
7.	a) Rechnung	b) Rechnungsdatum	c) Fälligkeitstag
8.	a) termingerecht	b) versandbereit	c) fertig
9.	a) informiert	b) mitgeteilt	c) vorgemerkt
10.	a) Ihren	b) Ihre	c) Ihrem

3. Bestellung

Agor-Teigwaren
Fabrikstraße 24 · D-80640 München

TELEFAX

An: Herrn Ruggero Caprani
Pasta buena
Fax: 00 39 02 46 37 89 64

Von: Raimund Leiser
Fax: 00 49 89 / 71 18 709
Datum: 23. 08. . . . .

Bestellung

Sehr geehrter Herr Caprani,

wir __1__ uns auf Ihr Angebot vom 20. d.M. und __2__ Ihnen folgenden __3__:

500 kg Spagetti zu 0,75 Euro/kg, 300 kg Makkaroni zu 0,85 Euro/kg, 400 kg Tagliatelle zu 0,80 Euro/kg und 100 kg Rigatoni zu 0,90 Euro/kg.
Wir __4__ die Teigwaren in einer Woche und werden unsere Spedition __5__, die Waren am 28. August abzu-__6__.
Nach __7__ der Lieferung werden wir den __8__ Betrag __9__ 3% Skonto auf Ihr Konto überweisen.
Wir bitten Sie, unseren Auftrag umgehend per Fax zu __10__.

Mit freundlichen Grüßen

Raimund Leiser
Einkaufsabteilung

1.	a) bezeigen	b) beziehen	c) bezeugen
2.	a) erzeugen	b) erteilen	c) bestellen
3.	a) Auftrag	b) Antrag	c) Vertrag
4.	a) beschleunigen	b) beliefern	c) benötigen
5.	a) beauftragen	b) anmelden	c) bescheinigen
6.	a) -jagen	b) -fangen	c) -holen
7.	a) Einhalt	b) Erhalt	c) Instandhaltung
8.	a) bestehenden	b) hochstehenden	c) ausstehenden
9.	a) abzüglich	b) hinzukommend	c) ergänzend
10.	a) beschaffen	b) beschränken	c) bestätigen

4. Reklamation

MOBILPRO
20, rue du Four · F-38000 Grenoble

INTER-HANDY
z.Hd. Frau Eva Rehmann
Alsterweg 16

D-20457 Hamburg

18. Februar ....

__1__

Sehr geehrte Frau Rehmann,

wir haben Ihre Lieferung vom 15. d.M. __2__. __3__ mussten wir beim Auspacken der Ware __4__, dass Sie uns nur 200 der 300 bestellten Mobiltelefone geliefert haben. Da wir für Ende März eine Werbe-__5__ für diese Telefone geplant haben, bitten wir __6__, uns die fehlenden Telefone umgehend zu schicken.
__7__ die Lieferung nicht in einer Woche __8__ uns eingegangen ist, sehen wir uns __9__, die Telefone bei Ihrer Konkurrenz zu bestellen.

Mit freundlichen Grüßen

Catherine Lecour

__10__ Catherine Lecour

1.	a) Mindestzahl	b) Minderlieferung	c) Mindestsatz
2.	a) erschlossen	b) erzielt	c) erhalten
3.	a) Leider	b) Leidlich	c) Leidvoll
4.	a) bekennen	b) vernehmen	c) feststellen
5.	a) -kampagne	b) -spot	c) -film
6.	a) Ihnen	b) ihn	c) Sie
7.	a) Falls	b) Als	c) Wann
8.	a) von	b) bei	c) zu
9.	a) gefordert	b) gefördert	c) gezwungen
10.	a) i. V.	b) ggf.	c) d. h.

5. Stundung

Seiber & Co.KG
Breiter Weg 104 · D-39105 Magdeburg

Herrn
Jochen Hammer
Baustoffe Wagner GmbH
Postfach 54 12

D-67614 Kaiserslautern

19. 6. ....

Rechnung Nr. 8912

Sehr geehrter Herr Hammer,

Ihre Rechnung Nr. 8912 wird am 30. 6. .... __1__. Leider ist es uns nicht möglich, den __2__ von 3517,50 Euro zu __3__ . Der Konkurs eines __4__ hat uns in __5__ gebracht. Wir ersuchen Sie deshalb um __6__ des Betrages. In zwei bis drei Monaten ist die Situation sicher geklärt, und wir werden dann die __7__ Summe auf Ihr Konto __8__.
Wir hoffen __9__ Ihr __10__ und eine positive Antwort und verbleiben

mit freundlichen Grüßen

Seiber & Co.KG

R. Egger

Ralf Egger

1.	a) fallen	b) fällig	c) gefallen
2.	a) Betrag	b) Geld	c) Summe
3.	a) verrechnen	b) zählen	c) begleichen
4.	a) Lieferanten	b) Geschäftsmannes	c) Großkunden
5.	a) Probleme	b) Verzögerung	c) Zahlungsschwierigkeiten
6.	a) Stundung	b) Zahlungsverzug	c) Zahlungsfrist
7.	a) gesammelte	b) gesamte	c) zusammengetragene
8.	a) einschreiben	b) überweisen	c) überschreiben
9.	a) auf	b) über	c) in
10.	a) Anteilnahme	b) Verständnis	c) Zuverlässigkeit

6. Partnersuche

MEDICA GmbH
Alter Markt 14 · D-38100 Braunschweig

Sarantopoulos & Naidis
Doryleou 22 / IV
GR-54249 Thessaloniki
Griechenland

Braunschweig, den 6. Oktober ....

Export medizinischer Geräte

Sehr geehrte Damen und Herren,

wir erhielten Ihre __1__ von der deutschen Auslandshandelskammer in Athen.
Unsere Firma möchte __2__ medizinische Geräte nach Griechenland exportieren.
Wir suchen daher eine griechische Firma, die sich mit der __3__ medizinischer Apparate beschäftigt.
Um __4__ einen __5__ in unser Angebot zu __6__, legen wir Ihnen in der Anlage einen ausführlichen Prospekt unserer Geräte bei.

Sollten Sie an einer __7__ interessiert sein, wären wir Ihnen für einen baldigen __8__ __9__.

Mit freundlichen Grüßen

__10__ Maria Müller
Exportabteilung

1.	a) Abschrift	b) Anschrift	c) Vorschrift
2.	a) hohe	b) hochkarätige	c) hochwertige
3.	a) Vermarktung	b) Verkauf	c) Vertrieb
4.	a) Ihnen	b) sie	c) Sie
5.	a) Einblick	b) Ausblick	c) Weitblick
6.	a) bringen	b) nehmen	c) geben
7.	a) Arbeit	b) Zusammenarbeit	c) Mitarbeit
8.	a) Bescheid	b) Benachrichtigung	c) Nachricht
9.	a) dankerfüllt	b) dankenswert	c) dankbar
10.	a) ca.	b) u.a.	c) i.A.

7. Bewerbung

Robert Samson
45 Brompton Road
GB-London
SW 1B 7LB

Stix AG
Postfach 68 75
D-99005 Erfurt

London, den 8. April ....

Bewerbung als Vertriebsleiter

Sehr geehrte Damen und Herren,

ich beziehe mich auf das Stellenangebot auf Ihrer Web-Seite und möchte mich um die ___1___ des Vertriebsleiters in Ihrem Unternehmen ___2___ .

Nach meinem Studium der Betriebswirtschaftslehre an der Universität London und dem Abschluss ___3___ Diplomkaufmann war ich 10 Jahre im Vertrieb eines Stahlunternehmens ___4___, wo ich für den Aufbau eines Vertriebsnetzes im Ausland ___5___ war. Ich ___6___ daher über viel ___7___ in den Bereichen Vertrieb, Marketing und Werbung sowie in der Zusammenarbeit mit ausländischen Mitarbeitern.

Als Vertriebsleiter könnte ich mein berufliches Engagement voll einbringen und meine Kenntnisse für Ihren Betrieb ___8___ einsetzen.

Über ein ___9___ mit Ihnen würde ich mich ___10___.

Mit freundlichen Grüßen

Robert Samson

Robert Samson

Anlagen: Lebenslauf
Zeugnisse

1.	a) Stelle	b) Stellung	c) Vorstellung
2.	a) ansuchen	b) ersuchen	c) bewerben
3.	a) als	b) vom	c) wie
4.	a) tatkräftig	b) tätig	c) tatenlos
5.	a) verdächtig	b) verpflichtet	c) verantwortlich
6.	a) verfüge	b) verbringe	c) vergebe
7.	a) Ergebnis	b) Bekanntschaft	c) Erfahrung
8.	a) gewinnend	b) gewinnträchtig	c) gewinnbringend
9.	a) Gespräch	b) Unterhaltung	c) Besprechung
10.	a) besinnen	b) freuen	c) bemühen

8. Reservierung eines Hotelzimmers

Nippon Computer
4B Halamatsam-cho · Manato-ku, Tokyo 102-0075

Hotel Heller
Unter den Linden 8

D-10624 Berlin

20. 03. ....

Zimmerreservierung

Sehr geehrte Damen und Herren,

drei unserer __1__ werden an dem in __2__ Hotel stattfindenden Seminar »Neue Technologien im Betrieb« __3__. Wir würden daher gern __4__ 30. Mai __5__ 2. Juni __6__ drei Einzelzimmer mit Bad oder Dusche und WC reservieren.
Könnten __7__ uns bitte einen Stadtplan und Informationen über Abendveranstaltungen wie Theater, Oper, Kabarett usw. __8__.
Für die __9__ unserer Reservierung danken wir __10__ im Voraus.

Mit freundlichen Grüßen

Kilimatsu Yamamoto

Kilimatsu Yamamoto

1.	a) Mitarbeiter	b) Stellvertreter	c) Bewerber
2.	a) Ihrem	b) unserem	c) deinem
3.	a) teilhaben	b) teilnehmen	c) sich beteiligen
4.	a) vom	b) um	c) von
5.	a) bis zum	b) auf	c) zu
6.	a) Hj.	b) p.a.	c) d.J.
7.	a) sie	b) Sie	c) du
8.	a) wegschicken	b) senden	c) aufgeben
9.	a) Aufnahme	b) Anteilnahme	c) Bestätigung
10.	a) Ihnen	b) Sie	c) dir

D Erläuterung einer Grafik

Wählen Sie den passenden Ausdruck und markieren Sie den entsprechenden Buchstaben: a, b, c oder d. Eine Antwort ist richtig.

1. Werbung legt zu

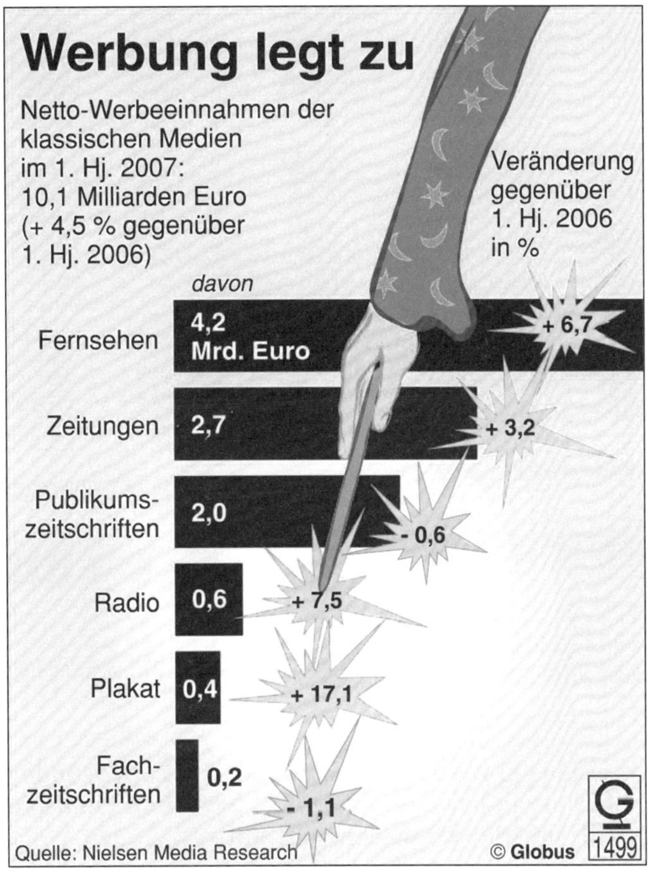

Die klassischen Medien konnten in diesem ersten Halbjahr ihre Werbe-__1__ gegenüber dem Vorjahreszeitraum um 4,5 Prozent __2__. Der __3__ stieg auf über zehn Milliarden Euro. Nach Berechnungen der *Nielsen Media Research* konnten die Zeitungen einen __4__ von gut drei Prozent __5__ ; ihre Werbeeinnahmen stiegen auf 2,7 Milliarden Euro. Größtes klassisches Werbe-__6__ ist das Fernsehen mit Einnahmen von 4,2 Milliarden Euro. Die ersten drei in der Werbung sind *Media Markt, Aldi* und *Lidl*. Sie __7__ zwischen 129 und 108 Millionen Euro für klassische Werbung aus.

1.	a) -gaben	b) -rezepte	c) -einnahmen	d) -etat
2.	a) steigen	b) aufheben	c) erhöhen	d) erklettern
3.	a) Einkunft	b) Ersatz	c) Einkommen	d) Umsatz
4.	a) Anwachsen	b) Zuwachs	c) Erhöhung	d) Ansteigen
5.	a) bezeichnen	b) festhalten	c) beschreiben	d) verbuchen
6.	a) -medium	b) -zweck	c) -gerät	d) -instrument
7.	a) zahlten	b) nahmen	c) gaben	d) steckten

2. Urlaub: Fünf Wochen sind Standard

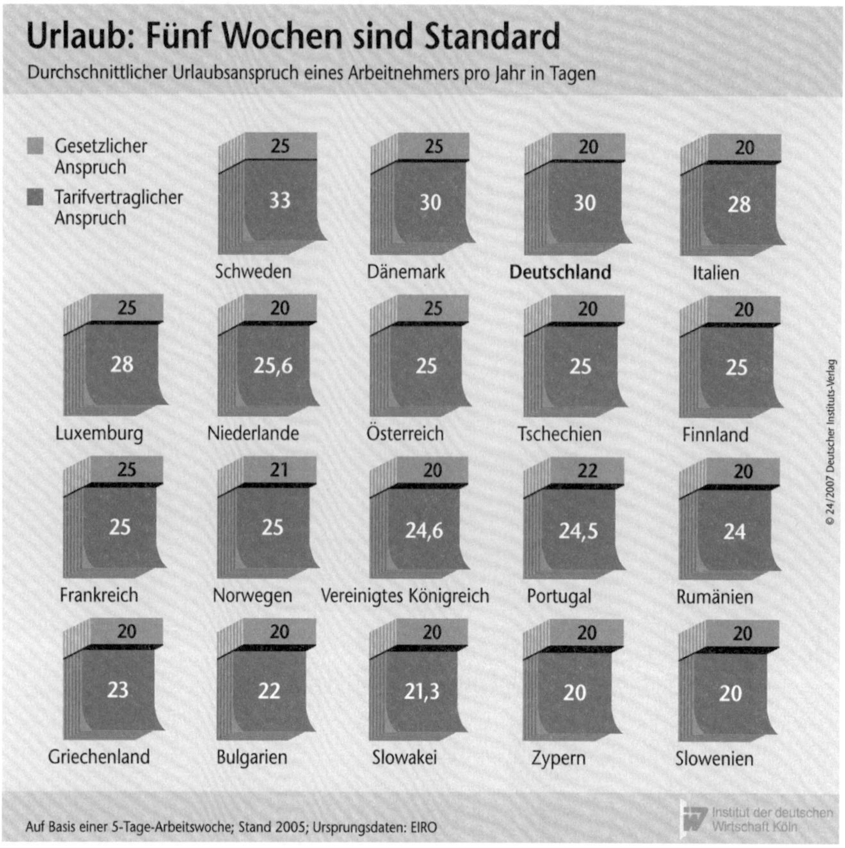

Kein anderes Land gilt als so reiselustig wie Deutschland. Das ist kein Wunder, müssen doch Arbeitgeber hierzulande ihre __1__ viel länger als anderswo beurlauben. So haben Deutsche einen tariflichen Urlaubs- __2__ von sechs Wochen im Jahr, nur die Schweden sind mit fast sieben Wochen in der EU besser dran. __3__ sind in der EU fünf Wochen. Wer unter keine tarifliche Regelung __4__, muss sich mit dem gesetzlichen Anspruch __5__. Nach dem Bundesurlaubsgesetz darf man 24 __6__-tage im Jahr Urlaub machen. Rechnet man den Samstag heraus, sind es 20 Tage. Das ist EU-__7__, selbst in Osteuropa. Großzügigere Regelungen gibt es in Österreich, Dänemark, Frankreich, Luxemburg und Schweden. Dort schreibt das Gesetz 25 freie Tage pro Jahr vor. Bei den gesetzlichen __8__ bleibt es oft auch. Denn nicht in allen Ländern konnten die Gewerkschaften Tarifverträge mit mehr Urlaub __9__.

1.	a) Kameraden	b) Kollegen	c) Geschäftspartner	d) Mitarbeiter
2.	a) -recht	b) -begehren	c) -anspruch	d) -verlangen
3.	a) Gewohnt	b) Üblich	c) Gebraucht	d) Praktisch
4.	a) fällt	b) ist	c) liegt	d) steht
5.	a) zufrieden	b) befriedigen	c) begnügen	d) genügen
6.	a) Fest-	b) Geburts-	c) Feier-	d) Werk-
7.	a) Bräuche	b) Normen	c) Standard	d) Regeln
8.	a) Pflichten	b) Vorgaben	c) Regelungen	d) Zugaben
9.	a) triumphieren	b) durchsetzen	c) gewinnen	d) reichen

3. Der Mittelstand lebt

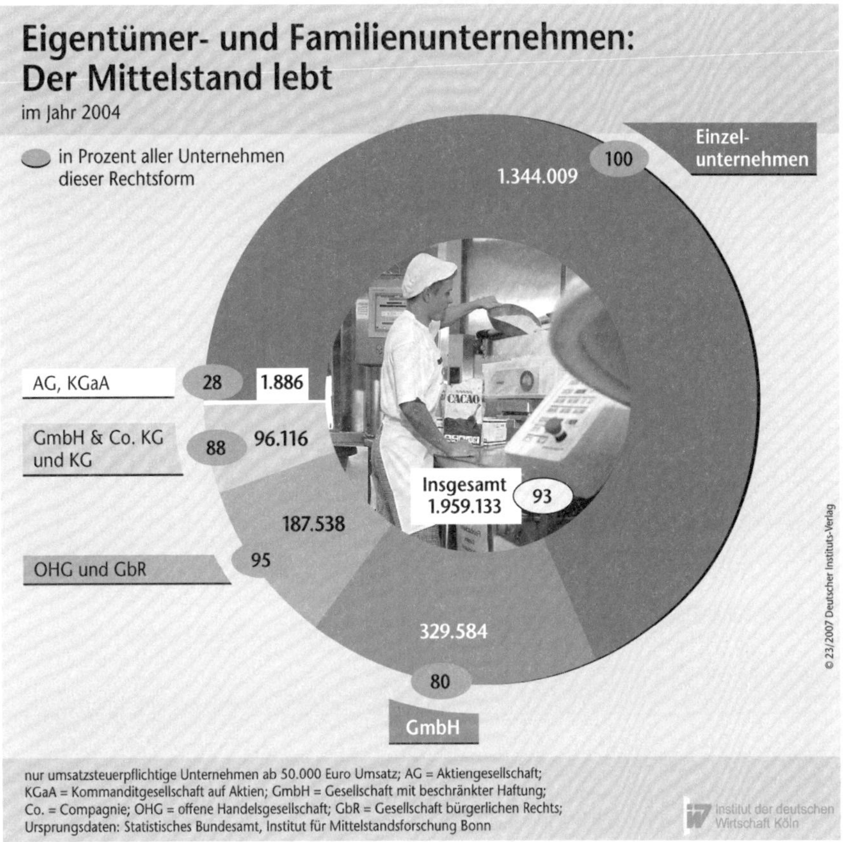

Die Firmen, in denen der Chef noch selbst die __1__ in der Hand hält, prägen nach wie vor die Unternehmens-__2__ in Deutschland. So werden fast zwei Millionen Firmen, das sind 93 Prozent aller Unternehmen mit Umsätzen von __3__ 50 000 Euro im Jahr, von Eigentümern oder ganzen Familienclans geleitet. Dabei handelt es sich nicht nur um Handwerksbetriebe, Immobilien-__4__ oder türkische Gemüsehändler. Etwa 1 200 Familienbetriebe sind Großunternehmen mit mehr als 50 Millionen Euro __5__. Die Dominanz der Familienfirmen beschränkt sich auch nicht auf Dienstleistungen oder das Handwerk; selbst in der Industrie haben die Eigentümer zu 84 Prozent den __6__ drauf. Zwar ist der Mittelstand ähnlich wie managergeführte Konzerne der Globalisierung __7__. Wenn das Unternehmen aber __8__ muss, ob es trotz der hohen Lohnkosten das Stamm-__9__ modernisiert oder stattdessen ins günstigere Ausland geht, sticht zumeist die Heimatkarte – und die Kirche bleibt im __10__.

1.	a) Stricke	b) Fäden	c) Kommandos	d) Kabel
2.	a) -gebilde	b) -bild	c) -image	d) -landschaft
3.	a) höchst	b) weniger	c) mindestens	d) minus
4.	a) -makler	b) -jobber	c) -dealer	d) -diebe
5.	a) Zusatz	b) Umsatz	c) Vorsatz	d) Einsatz
6.	a) Bein	b) Fuß	c) Finger	d) Knie
7.	a) ausgesetzt	b) hingelegt	c) versetzt	d) angeboten
8.	a) versehen	b) abwägen	c) anrechnen	d) wiegen
9.	a) -tisch	b) -fabrik	c) -werk	d) -betrieb
10.	a) Ortschaft	b) Dorf	c) Haus	d) Stadt

4. Flugreisen immer beliebter

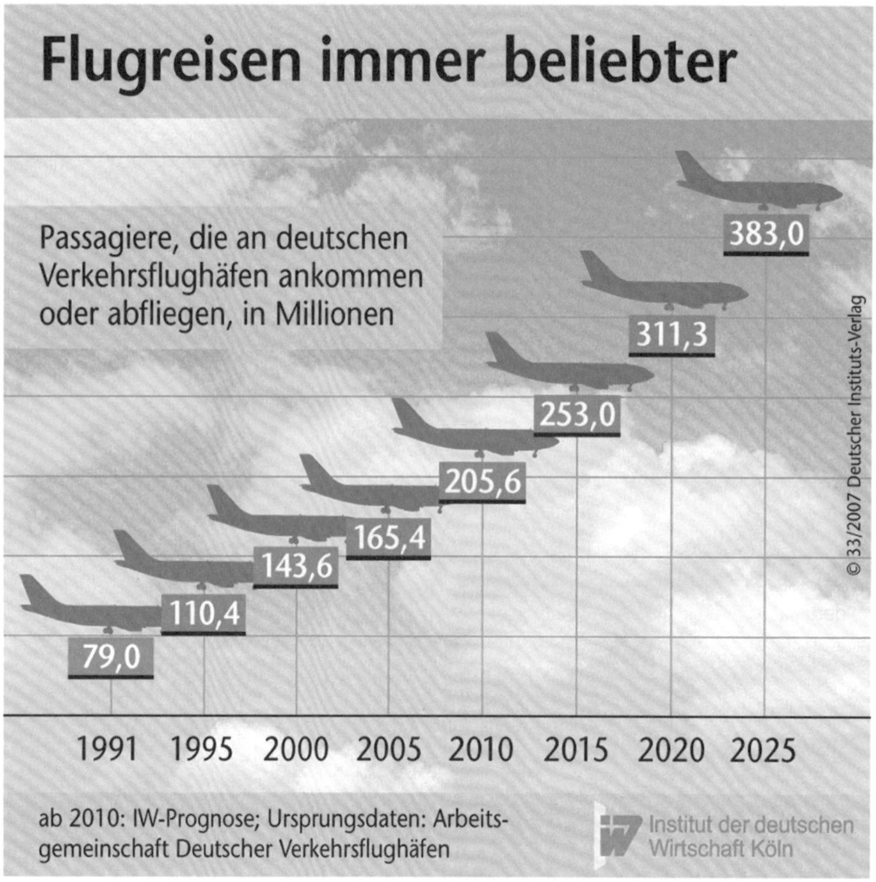

Die Luftfahrt zählt zu den __1__-stärksten Branchen in Deutschland und ist einer der bedeutendsten regionalen Arbeit-__2__. Allein die Flughäfen __3__ rund 170 000 Menschen, die Mitarbeiter der Shops nicht einmal __4__. Doch der Ausbau der Flughafeninfrastruktur kommt nicht entsprechend voran. Die wichtigsten Luftdrehkreuze operieren nahe der Kapazitäts-__5__. Selbst mit den derzeit geplanten und begonnenen Ausbauten benötigen die fünf größten deutschen Flughäfen spätestens 2025 zusätzliche Start- und Landebahnen. Für einen bedarfs-__6__ Ausbau ist die Beschleunigung der Genehmigungs-__7__ notwendig.

Besonders dynamisch wächst das Billigflug-__8__, das schon 42 Prozent des innerdeutschen und 35 Prozent des internationalen Verkehrs __9__. Das wichtigste Drehkreuz Deutschlands ist der Flughafen Frankfurt, der über 50 Millionen Passagiere __10__.

1.	a) wachs-	b) auswuchs-	c) wachstums-	d) wuchs-
2.	a) -nehmer	b) -geber	c) -sagenturen	d) -sgemeinschaften
3.	a) bestellen	b) beschäftigen	c) halten	d) beherbergen
4.	a) verkalkuliert	b) gezahlt	c) eingerechnet	d) bezahlt
5.	a) -limit	b) -höhe	c) -decke	d) -grenze
6.	a) -gerechten	b) -widerlichen	c) -gemessenen	d) -widrigen
7.	a) -spuren	b) -verfahren	c) -pflichten	d) -pfade
8.	a) -sektor	b) -bereich	c) -domäne	d) -segment
9.	a) vermacht	b) auswirkt	c) ausmacht	d) verwirkt
10.	a) abfertigt	b) abschließt	c) verhandelt	d) hinhält

5. Teure Amtshilfe

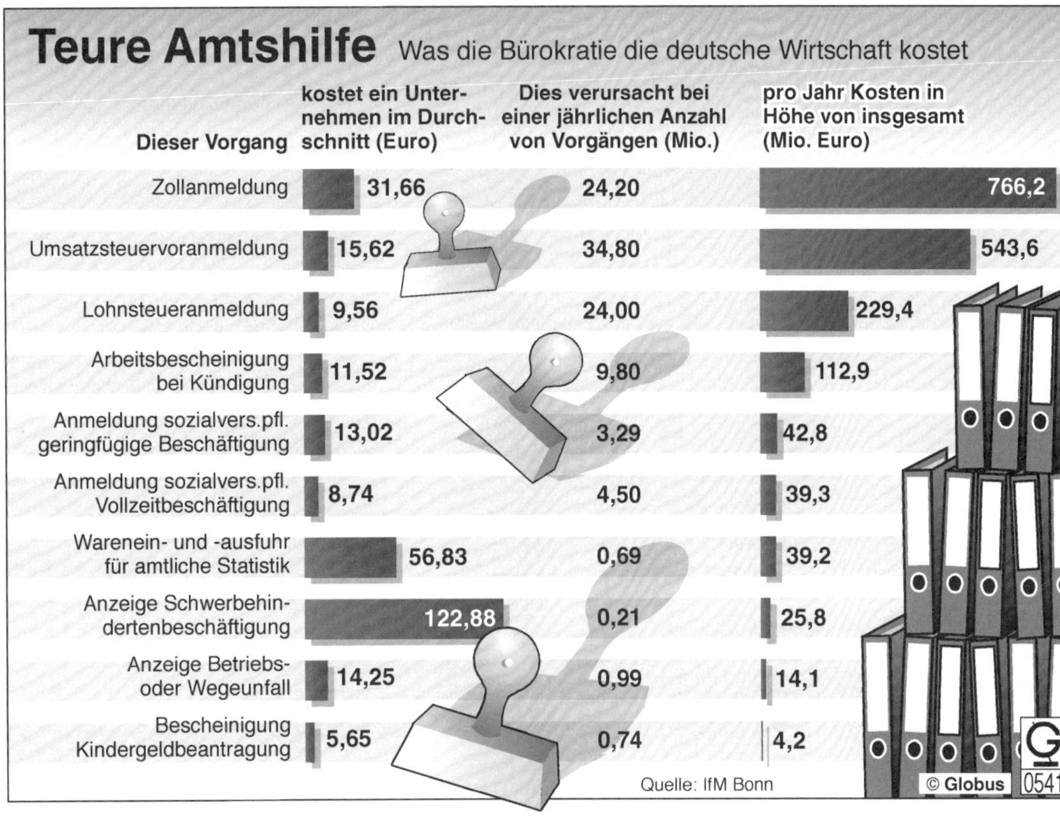

Vielfältige Maßnahmen zum Schutz der __1__ und der Umwelt können eine solche Regelungsdichte zur Folge haben, dass sie Unternehmensgründungen __2__. In einer vergleichenden Untersuchung zu den __3__ für Existenzgründungen hat die Weltbank ermittelt, dass es in Deutschland 24 Tage dauert, bis ein __4__ abgeschlossen ist, wobei neun __5__ konsultiert werden müssen. Ein Problem wird vor allem auch darin gesehen, dass im deutschen Arbeits-, Umwelt- und Steuerrecht sowie bei den Veröffentlichungs-__6__ zahlreiche Schwellenwerte existieren, ab denen Unternehmen bestimmte Handlungen vorgeschrieben werden: So muss etwa ab einer bestimmten __7__ Beschäftigter ein Werksarzt angestellt werden, kann ein __8__ gebildet werden usw. Vor allem für kleine und mittlere Betriebe sind die vielfältigen Anforderungen kaum überschaubar.

	a)	b)	c)	d)
1.	a) Arbeitslosen	b) Arbeitsuchenden	c) Erwerbstätigen	d) Arbeitswilligen
2.	a) entgegnen	b) behindern	c) entgegenstellen	d) opponieren
3.	a) Hürden	b) Barrikaden	c) Horden	d) Riegeln
4.	a) Verfahren	b) Phase	c) Etappe	d) Prozedur
5.	a) Büros	b) Abteile	c) Bürohäuser	d) Behörden
6.	a) -schulden	b) -gaben	c) -pflichten	d) -obligationen
7.	a) Ziffer	b) Nummer	c) Anzahl	d) Größe
8.	a) Beirat	b) Betriebsrat	c) Kommission	d) Unternehmensverband

6. Schulsachen: Kinder an der Macht

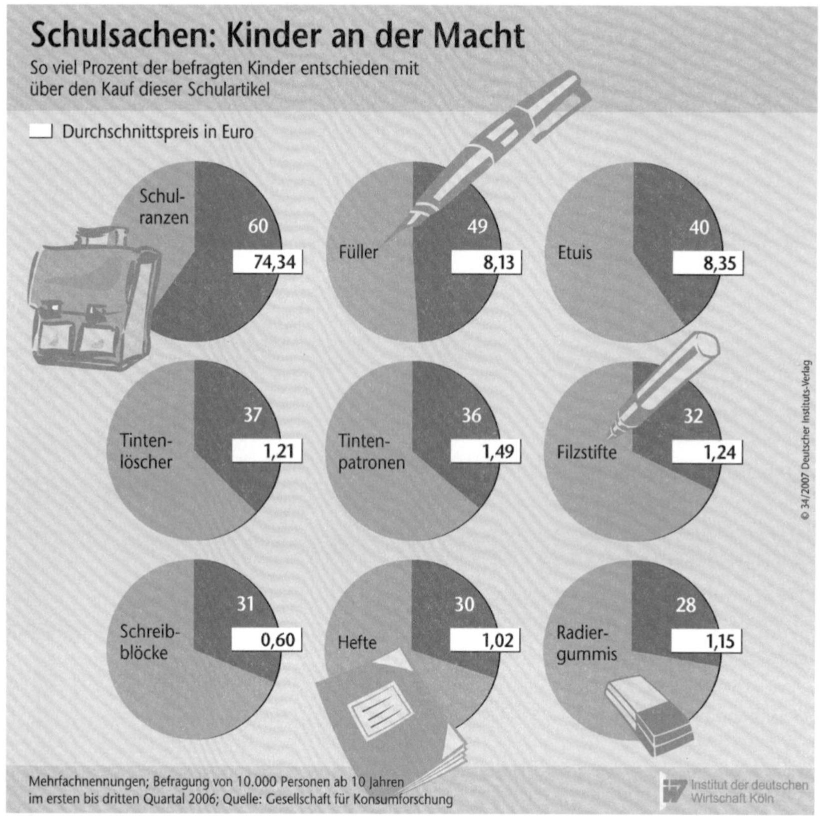

Wenn der Ernst des Lebens beginnt, __1__ viele Schulanfänger nichts dem Zufall, oder besser: den Eltern. Besonders die kostspieligen __2__ rufen den Nachwuchs auf den Plan. Die __3__ der im Schnitt rund 74 Euro teuren Schultasche etwa __4__ mehr als 60 Prozent der befragten Kinder mit, so eine vor Kurzem __5__ Umfrage. Selbst beim Kauf von Tintenlöschern sagt noch mehr als ein Drittel der jungen __6__ den Großen, wo es langgehen sollte. Ein wichtiges Kriterium, gerade bei Schulsachen, ist die Marke. Fast die Hälfte der 6- bis 13-Jährigen achtet darauf, ob Etuis, Füller und Filzstifte das „korrekte" __7__ tragen. Gelungenes Marketing __8__ also für die Hersteller an Bedeutung, gerade weil sinkende Geburten-__9__ den Wettbewerb in der Branche __10__.

1.	a) verlassen	b) lassen	c) überlassen	d) belassen
2.	a) Absätze	b) Bewerbungen	c) Ersparnisse	d) Anschaffungen
3.	a) Wahl	b) Qual	c) Sucht	d) Zucht
4.	a) sagen	b) betreffen	c) bestimmen	d) entschließen
5.	a) vermachte	b) verführte	c) ausgemachte	d) durchgeführte
6.	a) Konsumenten	b) Anbieter	c) Klienten	d) Absolventen
7.	a) Bildnis	b) Logo	c) Gemälde	d) Gebilde
8.	a) steigt	b) erhöht	c) gewinnt	d) sinkt
9.	a) -nummern	b) -zahlen	c) -volumen	d) -umfang
10.	a) anbrennen	b) erhitzen	c) verbrennen	d) anheizen

7. Bewegung auf dem Arbeitsmarkt

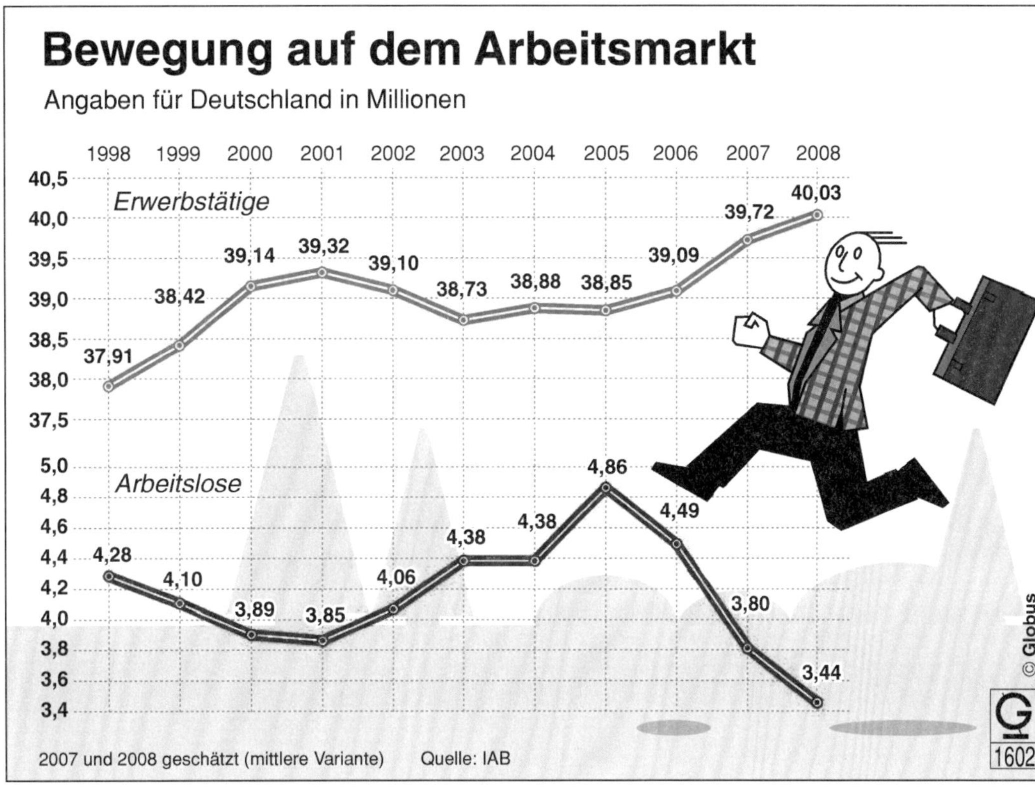

Endlich ist der __1__ auch auf dem Arbeitsmarkt spürbar. Im Durchschnitt wird es dieses Jahr über 600 000 Jobs mehr als im Vorjahr geben und die __2__ der Arbeitslosen wird um fast 700 000 auf 3,8 Millionen __3__. Das geht aus neuen Berechnungen des *Instituts für Arbeitsmarkt- und Berufsforschung (IAB)* hervor. Die Experten erwarten, dass sich die positive __4__ auch im kommenden Jahr fortsetzt: Die Zahl der Arbeitsplätze wird dann die 40-Millionen-Marke über-__5__ und die Zahl der Arbeitslosen wird auf schätzungsweise 3,44 Millionen zurückgehen. Das __6__ einer Arbeitslosenquote von 8,4 Prozent. Allerdings bleiben die großen Unterschiede zwischen West und Ost __7__. Während in den alten Bundesländern die __8__ von 7,7 auf 7,0 Prozent zurückgeht, sinkt sie in den neuen Ländern von 15,2 auf 13,7 Prozent und ist damit noch immer fast doppelt so __9__ wie im Westen.

1.	a) Flug	b) Aufschwung	c) Flop	d) Absturz
2.	a) Umfang	b) Mengen	c) Zahl	d) Volumen
3.	a) sinken	b) senken	c) fällen	d) tauchen
4.	a) Trend	b) Entwicklung	c) Verlauf	d) Auftrieb
5.	a) -tragen	b) -hüpfen	c) -nehmen	d) -springen
6.	a) entgeht	b) korrespondiert	c) entspricht	d) beschreibt
7.	a) bestehen	b) belegen	c) anhängen	d) beisitzen
8.	a) Anteile	b) Part	c) Quorum	d) Quote
9.	a) dick	b) breit	c) lang	d) hoch

8. Umweltschutz: Firmen pflegen ihr Image

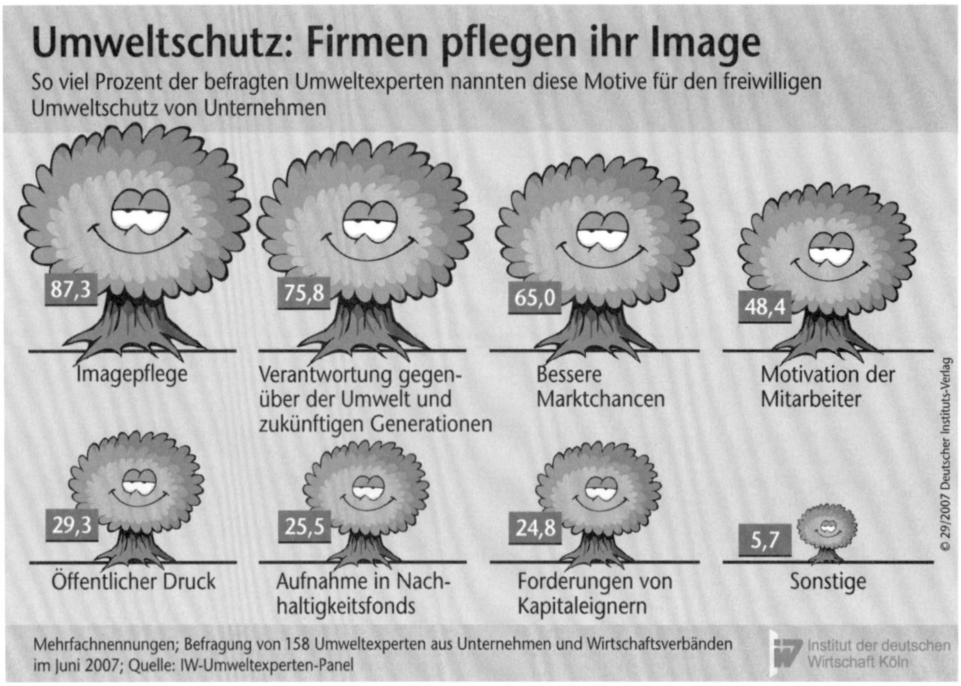

Zum Wohl der Umwelt hat der Gesetz-__1__ eine Vielzahl detaillierter Vorschriften __2__. Immer mehr deutsche Unternehmen erfüllen aber sogar mehr als das staatliche Pflichtprogramm. Eine Umfrage des *Instituts der deutschen Wirtschaft Köln (IW)* unter Umweltexperten in Unternehmen und __3__ zeigte: Viele Firmen handeln aus Verantwortungs-__4__, gepaart mit handfesten Interessen.
Als Motiv für den freiwilligen Umweltschutz ihres Betriebs nannten 87 Prozent der befragten Umweltfachleute die Pflege des Firmen-__5__. Zwei Drittel der Befragten erhofften sich vom Engagement über gesetzliche Vorgaben hinaus bessere Markt-__6__. Weil die Konsumenten __7__ für Umweltprobleme sensibilisiert werden, können solche Unternehmen mehr von ihren Produkten verkaufen, die Luft, Boden, Meere und Klima nicht über __8__ strapazieren. Die Firmen propagieren ihren __9__ auch offensiv und nutzen ihn als Werbemittel. Grüne Kampagnen sollen den Absatz __10__.

1.	a) -widrige	b) -esbrecher	c) -geber	d) -lose
2.	a) entlassen	b) erlassen	c) belassen	d) ausgelassen
3.	a) Cliquen	b) Banden	c) Gruppen	d) Verbänden
4.	a) -drang	b) -bewusstsein	c) -losigkeit	d) -defizit
5.	a) -images	b) -zeichnung	c) -marke	d) -grafik
6.	a) -ordnung	b) -chancen	c) -lücken	d) -lage
7.	a) abnehmend	b) mindestens	c) zunehmend	d) höchstens
8.	a) Gebühr	b) Kosten	c) Ausgaben	d) Einnahmen
9.	a) Potenzial	b) Macht	c) Einsatz	d) Kampfbereitschaft
10.	a) steigen	b) zunehmen	c) steigern	d) erheben

E Anzeigen

Wählen Sie den passenden Ausdruck und markieren Sie den entsprechenden Buchstaben: a, b, c oder d. Eine Antwort ist richtig.

1. Deutsche Post

__1__-holen und __2__-stellen an Samstagen: bei der Post ohne Aufpreis.

Bei anderen bezahlen Sie teuer, __3__ bei uns selbstverständlich ist: __4__ an fünf Tagen holen wir Ihre Pakete an sechs Tagen ab oder liefern sie aus – ohne Aufpreis für den Samstag.
Damit __5__ wir Ihnen 20% mehr Service als andere – und geben Ihnen so einen __6__-tag kostenlos dazu.
Wichtig für alle, die auch an Wochenenden für ihre Kunden da sind. Auf die schnellen Laufzeiten im 24-Stunden-Takt können Sie sich immer __7__: garantiert durch das modernste Logistiksystem Europas.

Testen Sie das schnelle Post-Paket: 0180/5 20 16
Anruf genügt. Unser Geschäftskunden-Service ist für Sie da:
Montag bis Freitag 9.00–20.00, Samstag 9.00–16.00 Uhr.

Deutsche Post __8__

1.	a) Ab-	b) Zu-	c) Ein-	d) Aus-
2.	a) Be-	b) An-	c) Ab-	d) Zu-
3.	a) wo	b) was	c) dass	d) das
4.	a) Ob	b) Statt	c) Wegen	d) Trotz
5.	a) servieren	b) beten	c) bieten	d) bitten
6.	a) Werk-	b) Fabrik-	c) Hotel-	d) Sonn-
7.	a) auslassen	b) anlassen	c) zulassen	d) verlassen
8.	a) AG	b) OHG	c) GmbH	d) KG

2. ERGO

Mit dem ___1___-schluss zu ERGO haben wir als vier der ___2___ deutschen Versicherer das Fundament für unseren Erfolg im neuen Europa gelegt. Konsequent schöpfen wir nun Synergiepotenziale aus. So haben wir gemeinsame Produkte entwickelt und werden ___3___ gemeinsam regulieren. Verwaltungsgebäude ___4___ wir gemeinsam, und in die Software ___5___ das Know-how aller Partner. Um bessere Renditen zu ___6___, gründen wir eine eigene Vermögensverwaltungsgesellschaft. So schaffen wir beste Voraussetzungen für den europäischen Markt. ERGO: Ein Konzept, das ___7___.
___8___ Informationen unter 0 18 03/230 230 und im Internet: http://www.ergo.de

1.	a) Ab-	b) Zusammen-	c) Ein-	d) Aus-
2.	a) herrschenden	b) bestimmenden	c) führenden	d) leitenden
3.	a) Schäden (Pl.)	b) Not	c) Nachteile (Pl.)	d) Abfälle (Pl.)
4.	a) genießen	b) brauchen	c) nutzen	d) beschaffen
5.	a) läuft	b) rinnt	c) gleitet	d) fließt
6.	a) erzielen	b) treffen	c) finden	d) sammeln
7.	a) weggeht	b) ausgeht	c) abgeht	d) aufgeht
8.	a) Weitere	b) Andere	c) Verschiedene	d) Außerordentliche

3. Arbeit für Junge

Arbeit für Junge,
Geld für Ihr Unternehmen

Geben Sie jetzt jungen Menschen unter 25 Arbeit - die __1__ 3 Monate arbeitslos sind und denen längere Arbeitslosigkeit __2__ - dann kann Ihr Unternehmen __3__ zu Lohn oder __4__ erhalten. Bis zu 60 Prozent zur Überbrückung der __5__-zeit für ein Jahr oder bis 40 Prozent für zwei Jahre. Das steht im Sofortprogramm »100 000 Jobs für Junge«. __6__ Sie jungen Menschen die Chance, zu zeigen, was in ihnen steckt.
Es __7__ sich. Für beide __8__.
Wichtig! Erst Förderung beim Arbeitsamt __9__, dann __10__ .

Rufen Sie an, kostenlos!

0 8000 – 100 001

www.100000jobs.de

Die Bundesregierung Bundesanstalt für Arbeit EUROPÄISCHE GEMEINSCHAFT Europäischer Sozialfonds

1.	a) minder	b) mindest	c) mindestens	d) mindere
2.	a) schädigt	b) bedroht	c) beschädigt	d) droht
3.	a) Beschlüsse	b) Zuschüsse	c) Verluste	d) Probleme
4.	a) Sold	b) Gage	c) Honorar	d) Gehalt
5.	a) Einarbeitungs-	b) Einführungs-	c) Einbürgerungs-	d) Einfahr-
6.	a) Geben	b) Übermitteln	c) Verleihen	d) Übertragen
7.	a) würdigt	b) lohnt	c) bewertet	d) müht
8.	a) Stellen	b) Teile	c) Lagen	d) Seiten
9.	a) bitten	b) fragen	c) beantragen	d) fördern
10.	a) entlassen	b) bestellen	c) erlassen	d) einstellen

4. SAP

Projektarbeit –

Internationalität ist bei SAP tägliches Geschäft!

Die Aufgaben bei SAP sind vielfältig wie die Welt, in der sich unsere Systeme __1__. Immer wieder treffen wir auf andere Mentalitäten und erfüllen landesspezifische Kunden-__2__. Durch mulitkulturelles Denken, Kreativität und Flexibilität sind wir als Global Player auf dem Gebiet betriebswirtschaftlicher __3__ -software so erfolgreich: mit Kunden in allen Erdteilen, __4__ in 50 Ländern und mehr als 18 000 Mitarbeitern unterschiedlicher Nationalitäten.

Haben Sie Ihr Studium – (Wirtschafts-)Informatik, Betriebswirtschaftslehre, (Wirtschafts-)Ingenieurwesen, Mathematik oder Physik – erfolgreich __5__ und vielleicht sogar schon IT- und Programmierkenntnisse __6__? Dann sollten Sie unbedingt einen unserer Bereiche Entwicklung, Service & Support kennen lernen: Wir denken interdisziplinär und __7__ auf professionelles Teamwork in motivierender Arbeitsatmosphäre – und nicht auf Bürokratie oder Hierarchien.

Die SAP AG tut eine __8__, um Sie mit Ihren Skills stets an der internationalen Spitze zu halten: von aktiver Personal-__9__ bis hin zu individuellen Trainingsmaßnahmen. Möchten Sie mehr wissen? __10__ Sie nach unter http://www.sap.com

1.	a) bewähren	b) bewahren	c) währen	d) verwahren
2.	a) -bedarf	b) -wünsche	c) -not	d) -nötigung
3.	a) Benutzungs-	b) Verwendungs-	c) Anwendungs-	d) Nutzen-
4.	a) Praxen	b) Antennen	c) Praktiken	d) Vertretungen
5.	a) gefertigt	b) resolviert	c) abgeschlossen	d) aufgenommen
6.	a) versammelt	b) gesammelt	c) gehäuft	d) thesaurisiert
7.	a) setzen	b) legen	c) stellen	d) stecken
8.	a) Unendlichkeit	b) Menge	c) Vielfalt	d) Masse
9.	a) -entmündigung	b) -vermehrung	c) -entwicklung	d) -entlassung
10.	a) Laufen	b) Wenden	c) Treten	d) Schauen

5. KölnMesse

D I E N S T L E I S T U N G S Q U A L I T Ä T

VON MANNSTEIN

... ohne Messe-Stress!

Kölner Messen __1__, machen den Kopf frei für die Konzentration auf das __2__. Denn hier versteht man Service noch als umfassenden Dienst am __3__ - vom ersten Kontakt bis zum letzten __4__.

Full-Service im Vorfeld: von A wie __5__-beratung bis Z wie Zimmer-__6__ Dienstleistung pur auf den Messen selbst: elektronisches Besucher-Informations-__7__ und alles, was zu einer Rundum-__8__ gehört. Dazu Service-Fazilitäten wie Banken und Sparkassen, Reisebüro, Post, __9__ der Deutschen Bahn, Check-in-Counter der Lufthansa und eine Messe-Gastronomie für jeden __10__.
Kölner Dienstleistungs-Qualität: Erfolg stressfrei genießen!

1.	a) stressen	b) nerven	c) entstressen	d) beklemmen
2.	a) Job	b) Tätigkeitsbereich	c) Dienst	d) Geschäft
3.	a) Mann	b) Kunden	c) Gerät	d) Apparat
4.	a) Ausgang	b) Eintritt	c) Auftritt	d) Phase
5.	a) Anfahrts-	b) Automaten-	c) Aussteller-	d) Anfänger-
6.	a) -reservate	b) -reserven	c) -reservierung	d) -reservation
7.	a) -system	b) -dienst	c) -möglichkeit	d) -stelle
8.	a) Beschäftigung	b) Betreuung	c) Okkupation	d) Bedienung
9.	a) Luftkissen	b) Schalter	c) Rettungsboote	d) Landungsbrücken
10.	a) Gehör	b) Gesicht	c) Geschmack	d) Gefühl

6. Deutsche Bank

Deutsche Bank. Die Aktie.

Zukunft ist jetzt.

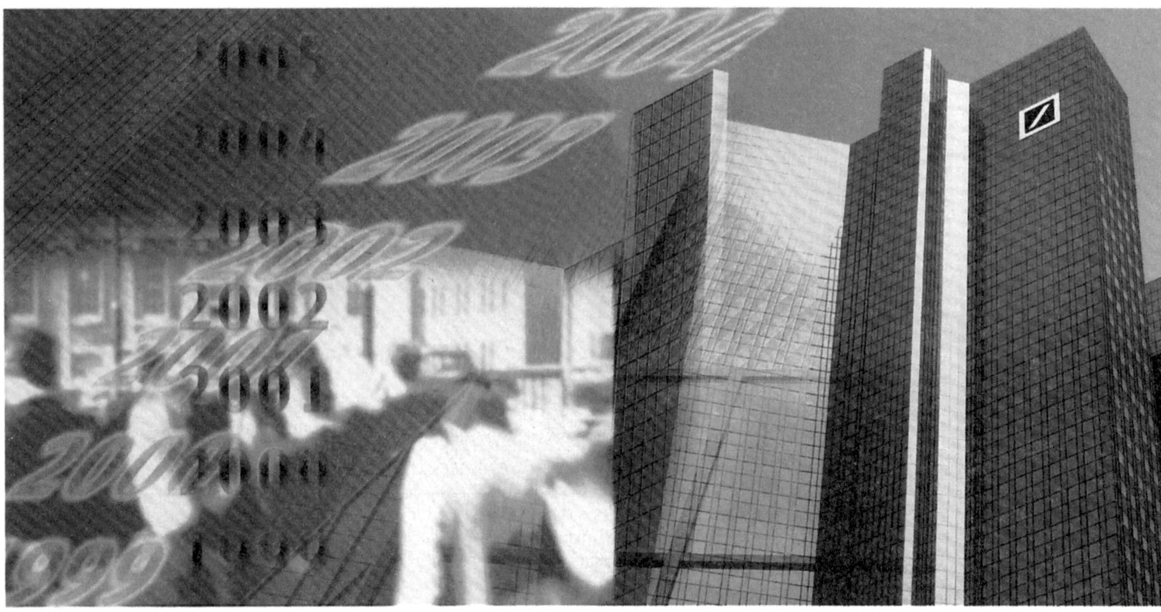

Die Deutsche Bank ist auf Zukunfts-__1__. Heute.

- Verstärkter __2__ unserer Spitzenposition in Europa.
- Weltweite __3__-strategie durch __4__ von *Bankers Trust.*
- Verbesserte Kosten-__5__.

__6__ auch Sie davon. Als Aktionär der Deutschen Bank. Mit den neuen Aktien im __7__ der bevorstehenden Kapital-__8__.
Deutsche Bank. Die Aktie.

1.	a) -kurs	b) -weg	c) -bahn	d) -richtung
2.	a) Entwicklung	b) Orientierung	c) Ausbau	d) Bau
3.	a) Zuwachs-	b) Wachstums-	c) Anwachs-	d) Wuchs-
4.	a) Annahme	b) Übernahme	c) Zunahme	d) Entnahme
5.	a) -kraft	b) -macht	c) -effizienz	d) -steigerung
6.	a) Genießen	b) Profitieren	c) Brauchen	d) Benützen
7.	a) Kreis	b) Umfang	c) Kader	d) Rahmen
8.	a) -senkung	b) -erhöhung	c) -abnahme	d) -versteigerung

7. Geschäftsbank

__1__ mit Ihren Zielen ist unser Weg zum gemeinsamen Erfolg.
Als eine der __2__ Geschäftsbanken __3__ wir uns auf die speziellen __4__ professioneller Kunden. Und arbeiten wie Sie: professionell.
Unsere __5__ in allen nationalen und internationalen Finanzfragen sind so individuell wie Ihre Ziele. Dazu __6__ unser Leistungsspektrum und unser Erfahrungs-__7__.
Wir bauen auf faire Zusammenarbeit. Sie führt zu langfristiger __8__, sie lässt uns Verbindungen __9__ und Ziele gemeinsam besser erreichen.
Weitere Informationen __10__ Sie im Internet unter http://gesbank.de

1.	a) Einigung	b) Verantwortung	c) Identifikation	d) Verabredung
2.	a) fahrenden	b) führenden	c) laufenden	d) gehenden
3.	a) befassen	b) beschäftigen	c) basieren	d) konzentrieren
4.	a) Beförderungen	b) Anforderungen	c) Erforschungen	d) Förderungen
5.	a) Auslösungen	b) Auflösungen	c) Lösungen	d) Lose
6.	a) helfen	b) beitragen	c) befähigen	d) dienen
7.	a) -vorsprung	b) -vorschuss	c) -vorfahrt	d) -vorlauf
8.	a) Partnerschaft	b) Leidenschaft	c) Freundlichkeit	d) Zärtlichkeit
9.	a) schöpfen	b) nutzen	c) abnützen	d) entstehen
10.	a) behalten	b) erreichen	c) treffen	d) erhalten

8. Braunkohle

Unsere Braunkohle bringt einiges in Bewegung.
Schon ihre Gewinnung und die weitere __1__ geben vielen Menschen Arbeit. Insbesondere __2__ sie in Form von preiswertem Strom den Produktions-__3__ Deutschland und unseren Fort-__4__ gleich mit.

Wir setzen unsere Braunkohle überwiegend zur Strom-__5__ ein. Damit sichern wir gut ein Viertel des Bedarfs in unserem Land und __6__ der deutschen Wirtschaft international konkurrenzfähige Energie. Dass wir damit auch eine der zentralen Voraussetzungen für wettbewerbsfähige Arbeitsplätze __7__, macht die Braunkohle besonders __8__.

Braunkohle ist ein __9__ subventionsfreier Energielieferant und ein Wirtschaftsfaktor ersten __10__. Weitere Informationen geben wir Ihnen gerne. Eine Postkarte oder ein Fax mit dem __11__ »Wirtschaft« genügt. Oder __12__ Sie uns einfach im Internet.

	a)	b)	c)	d)
1.	a) Erarbeitung	b) Bearbeitung	c) Überarbeitung	d) Verarbeitung
2.	a) hilft	b) dient	c) fördert	d) schädigt
3.	a) -zentrum	b) -standort	c) -stelle	d) -anlagen
4.	a) -tritt	b) -schritt	c) -kommen	d) -lauf
5.	a) -erzeugung	b) -abnahme	c) -sperre	d) -entnahme
6.	a) beliefern	b) schaffen	c) liefern	d) erschaffen
7.	a) geben	b) liefern	c) erheben	d) schaffen
8.	a) unnütz	b) wertlos	c) nutzlos	d) wertvoll
9.	a) überflüssiger	b) unverzichtbarer	c) unnötiger	d) unmöglicher
10.	a) Niveaus	b) Ebene	c) Reihe	d) Ranges
11.	a) Kennzahl	b) Pass	c) Stichwort	d) Kode
12.	a) versuchen	b) besuchen	c) aufsuchen	d) nachsuchen

A Deklination

Wählen Sie die richtige Antwort: a, b, c oder d. <u>Eine</u> Antwort ist richtig.

1. Die Lage auf dem Arbeitsmarkt ist alles ander___ als rosig.
a) -s b) -e c) -es d) -en

2. Immer mehr Käufe werden nicht von Erspart___ getätigt.
a) -en b) -nissen c) -es d) -em

3. Viele Arbeitslos___ warten auf eine Chance.
a) -en b) -er c) -igkeit d) -e

4. Die beid___ Problem___ sind nicht leicht zu lösen.
a) -e / -e b) -en / -e c) -en / -en d) -e / -en

5. Bei steigend___ Erwerbstätigkeit wäre die Sozialversicherung entlastet.
a) -em b) -ø c) -er d) -en

6. Ein Angelernt___ wird es auf dem Arbeitsmarkt von morgen schwer haben.
a) -er b) -ø c) -e d) -es

7. Franzos___ und Deutsch___ sind vollberechtigte EU-Bürger.
a) -e / -e b) -en / -en c) -en / -e d) -e / -en

8. Sehr geehrt___ Damen und Herren,
a) -en b) -esten c) -er d) -e

9. An erst___ Stelle der Umsatzliste stehen deutsche Firmen.
a) -er b) -em c) -e d) -ø

10. Mit schwarz___ Kaffee ist kein groß___ Geld zu verdienen.
a) -ø / -es b) -em / -es c) -er / -ø d) -en / ¨-er

11. Dank stark___ Arbeitgeberverbände hat das deutsche Modell lange funktioniert.
a) -em b) -er c) -e d) ¨-ere

12. Für viele Unternehmen ist der EU-Markt ein___ groß___ Vorteil.
a) -en / -en b) -ø / -es c) -ø / -er d) -es / -e

13. Im Innersten seines __________ hat ein jeder Angst um seinen Arbeitsplatz.
a) Herz b) Herzen c) Herzens d) Herzenswunsch

14. Der wahre Luxus: Teur___ mit Preiswert___ mixen.
a) -ø /-en b) -en / -es c) -es / -ø d) -es / -em

15. Heute wird jed___ zweite erarbeitete Euro ...
a) -e b) -s c) -en d) -er

16. ... für Sozial___ ausgegeben.
a) -e b) -em c) -ø d) -es

17. Ein Deutsch___ , der heute geboren wird, ...
a) -mann b) -e c) -länder d) -er

18. ..., hat ein längeres Leben vor _____ als seine Urgroßeltern.
a) ihm b) ihn c) sich d) ø

19. Mit vorzüglich___ Hochachtung.
a) -er b) -em c) -en d) -eren

20. Zu unser___ groß___ Bedauern können wir Ihre Rechnung nicht begleichen.
a) -en / -en b) -em / -en c) -em / -em d) -er / -en

21. Kaum __________ weiß, was er den Betrieb kostet.
a) eines b) ein c) einer d) einen

22. Alles in __________ erreichen die Kosten 45 Milliarden Euro.
a) alles b) allem c) allen d) alle

23. Die ec-Karte ermöglicht das Bezahlen klein___ Summen.
a) -sten b) -erer c) -ere d) -e

24. In kleineren Betrieben kennt fast __________ __________ .
a) jeder jeder b) jeder jeden c) jeden jeden d) jeden ø

25. Vor kurz___ ist er entlassen worden.
a) -er b) ø c) -lich d) -em

26. __________ ist gekündigt worden.
a) Er b) Ihn c) Ihrer d) Ihm

27. __________ der wichtigsten Konjunkturmotoren läuft nicht gut.
a) Eines b) Einer c) Ein d) Eins

28. Bald werden weitere groß___ Anbieter auf dem Telefonmarkt sein.
a) -er b) -en c) -e d) -ø

29. Fast 12% aller neu___ Anlagen werden gemietet.
a) -er b) -en c) -ø d) -euer

30. Das Saarland ist __________ der kleinsten Bundesländer.
a) einen b) einer c) ein d) eines

31. Die Wirtschaftsleistung je Erwerbstätig___ hat zugenommen.
a) -ø b) -er c) -en d) -em

32. Wegen veraltet___ technisch___ Anlagen hat die Firma Probleme.
a) -er / -er b) -en / -er c) -er / en d) -ø / -en

33. Ist Deutschland ein Einwanderungsland oder ist es __________ ?
a) kein b) keiner c) keine d) keines

34. Entscheidend ist, __________ Gesellschaftsschicht man angehört.
a) zu welcher b) an welcher c) welcher d) welche

35. Vorig___ Jahr___ haben wir einen hohen Gewinn erzielt.
a) -es / -ø b) -en / -es c) -em / -ø d) -ø / -ø

36. Berlin ist eine Millionenstadt mit __________ , was dazugehört.
a) allen b) alles c) all d) allem

37. Wer keinen Konkurrent___ hat, dem fehlt der Anreiz zur Innovation.
a) -ø b) -er c) -e d) -en

38. Hier arbeitet eine Gruppe hochbezahlt___ Expert___ .
a) -en / -en b) -er / -en c) -en / -e d) -e / -e

39. Die __________ unter den Großen im Lebensmittelhandel ist die Metro-Gruppe.
a) groß b) größtens c) Größten d) Größte

40. Berufsbildung: Examen der deutsch___-französisch___ Handelskammer.
a) -en / -en b) -ø / -en c) -ø / -ø d) -en / -ø

41. Größe und Art der Artikel finden Sie auf beiliegend___ Bestellschein.
a) -en b) -er c) -ø d) -em

42. In den fünf___ neuen Bundesländern ist die Umweltbelastung hoch.
a) -en b) -ten c) -er d) -ø

43. Mit freundlich__ Gruß / Mit freundlich__ Grüßen.
a) -em / -en b) -st / -en c) -er / -em d) eren / -erem

44. Wir brauchten Artikel best__ Qualität ...
a) -en b) -ens c) -ø d) -er

45. ... aus best__ Material.
a) ø b) -es c) -ens d) -em

46. Unerwartete Problem__ sind aufgetreten.
a) -e b) -s c) -en d) -a

47. Das Motto der Sozialversicherung: ________ für alle, ...
a) eines b) eine c) einer d) ein

48. ..., alle für________ .
a) eine b) einer c) eins d) einen

49. Wir brauchen ________ effiziente Arbeitsbeschaffungsmaßnahmen.
a) einiger b) einige c) einigen d) einiges

50. Ihre Überweisung wurde ein__ unser__ Konten gutgeschrieben.
a) -es / -ø b) -em / -er c) -en / -en d) -ø / -en

51. Dank ________ Europäischen Binnenmarkts entfallen viele Formalitäten.
a) des b) den c) der d) das

52. Trotz steigend__ Produktionszahlen hat die Firma Schwierigkeiten.
a) -e b) -es d) -em d) -er

53. 670 000 Jugendlich__ bewerben sich um Lehrstellen.
a) -e b) -en c) -er d) -es

54. Anlässlich ________ Hannovermesse bringen wir neue Produkte auf den Markt.
a) die b) des c) der d) den

55. Um ________ zu gewinnen, brauchen wir einen dynamischen Vertreter.
a) neuer Kunden b) neue Kunde c) neuen Kunden d) neue Kunden

56. Viel Betrieb__ ist das Ausbilden zu teuer.
a) -e / -e b) -en / -en c) -e / -en d) -en / -e

57. Letzt__ Endes hat der Kunde immer Recht.
a) -en b) -es c) -em d) -eres

58. ________ wirtschaftlichen Rückgang wird es in Europa nicht geben.
a) ø b) Eine c) Einen d) Einer

59. In Deutschland gibt es immer mehr Geldautomat__ .
a) -e b) -er c) -iker d) -en

60. Der Grad der Behinderung wird von den Versorgungs-________ festgestellt.
a) -ämter b) -amt c) -amts d) -ämtern

B Verbformen

Wählen Sie die richtige Antwort: a, b, c oder d. <u>Eine</u> Antwort ist richtig.

1. Herr Lang __________ bereits aus dem Haus, als der Anruf kam.
a) war b) ist c) geht c) verlässt

2. Die Wirtschaft wird bald die Konjunkturschwäche über-__________ haben.
a) -winden b) -windet c) -wanden d) -wunden

3. Die Krise __________ das Wachstum weiter verlangsamen.
a) wurde b) wird c) hatte d) hat

4. Die Gewinne können nicht an den Kunden weitergegeben __________ .
a) sein b) worden c) haben d) werden

5. Es ist, als __________ die Kleinsparer aus einem Traum erwacht.
a) hätten b) sind c) haben d) wären

6. Einige Händler durften bis 18 Uhr 30 geöffnet __________ .
a) hatten b) haben c) werden d) worden

7. Wir hoffen, die schlimmste Krise überstanden __________ .
a) zu haben b) zu sein c) haben d) sein

8. Viele fragen sich, wie den Krisengebieten __________ kann.
a) helfen b) geholfen c) geholfen werden d) geholfen haben

9. Ohne die Deutschen __________ die Währungsunion nie zustande kommen können.
a) würde b) wäre c) täte d) hätte

10. In zwei Jahren wird sich die Telefonlandschaft sehr verändert __________ .
a) sein b) haben c) werden d) ø

11. Ein Rutsch ins Minus wird nicht __________ sein .
a) verhindern b) verhindert c) zu verhindern d) verhindert werden

12. Seit 30 Jahren __________ sich die Mehrwertsteuer vereinfacht.
a) ist b) wurde c) konnte d) hat

13. Es kann nicht mehr verteilt __________ , als erzeugt __________ .
a) haben / hat b) sein / worden c) sein / wurde d) werden / wird

14. __________ die Überprüfung zwei Jahre früher stattgefunden, ...
a) Habe b) Sei c) Wäre d) Hätte

15. ..., dann hätte sich nur Luxemburg für die Währungsunion qualifizieren __________ .
a) brauchen b) vermögen c) haben d) können

16. Die Europäer werden rasch die Vorteile des neuen Geldes zu schätzen __________ .
a) können b) wissen c) ø d) sein

17. Es ist eine Subvention, die nicht zurückgezahlt zu werden __________ .
a) kann b) soll c) hat d) braucht

18. Haben Sie Ihren Beitrag schon _____richtet?
a) abge- b) be- c) ver- d) ent-

19. Alle 18 Minuten __________ in Deutschland ein Unternehmen zusammen.
a) brecht b) brechen c) bricht d) bracht

20. Verkaufsförderung __________ geplant und organisiert sein.
a) hat b) will c) weiß d) braucht

21. Dem Staat __________ Milliarden durch Schwarzarbeit entgangen.
a) ist b) werden c) sind d) wurden

22. Ein Ingenieur unserer Firma soll Industriespionage betrieben __________ .
a) sein b) werden c) müssen d) haben

23. Der alte Turm war während der Veranstaltung als Werbefläche genutzt __________.
a) werden b) worden c) geworden d) gewesen

24. Was sie unternimmt, __________ ihr.
a) gelingt b) gelingen c) gelangt d) gelungen

25. Der Vorstand der AG __________ für die optimale Verteilung der Gewinne.
a) bittet b) achtet c) befasst sich d) sorgt

26. Die Zahl der Arbeitslosen könnte noch __________ .
a) reduzieren b) steigern c) vermindern d) steigen

27. Wir hoffen, Ihnen entgegengekommen zu __________ .
a) werden b) haben c) dürfen d) sein

28. Die Firma hat mehrmals um Zahlungsaufschub __________ .
a) gebetet b) geboten c) gebettet d) gebeten

29. Vor einem Jahr __________ meine Arbeit darin, Missstände zu beseitigen.
a) besteht b) bestände c) bestand d) bestehe

30. Als er sie auf der Straße traf, __________ er sie nicht.
a) erkannten b) erkannte c) erkennen d) erkennt

31. Sie hätten nur anzurufen __________ , ...
a) brauchen b) müssen c) gehabt d) gesollt

32. ..., dann __________ wir Sie sofort beliefert.
a) wären b) würden c) könnten d) hätten

33. Die Kurzarbeit __________ um 20 Prozent zugenommen.
a) ist b) wird c) hat d) soll

34. Durch die Arbeitsmarktpolitik __________ die Zahl der Arbeitslosen verringert.
a) hatte b) wurde c) wird sich d) konnte

35. Die Zahlung __________ auf unser Bankkonto zu leisten.
a) ist b) hat c) wird d) kann

36. Das Verpackungsmaterial ist zum Selbstkostenpreis berechnet __________ .
a) werden b) gewesen c) geworden d) worden

37. Bei Ankunft __________ Sie die Ware auf Beschädigungen zu überprüfen.
a) sind b) werden c) haben d) ist

38. Das Angebot haben wir Ihrer Anzeige __________ .
a) genommen b) abgenommen c) ausgenommen d) entnommen

39. Wir hätten unsere Versicherung erneuern __________ .
a) gemusst b) müssen c) ø d) zu müssen

40. Leider __________ die Sendung nicht unserer Bestellung.
a) entsprechen b) entspracht c) entspricht d) entsprecht

41. Wir müssen endlich eine Entscheidung __________ .
a) getroffen b) trafen c) treffen d) zu treffen

42. Durch unsachgemäße Verpackung ist ein Großteil der Bücher beschädigt __________ .
a) werden b) geworden c) gewesen d) worden

43. Der Zoll __________ auf 500 Euro.
a) beträgt b) liegt c) dreht sich d) beläuft sich

44. __________ ich abwesend sein, ...
a) Wäre b) Werde c) Vermöchte d) Sollte

45. ..., __________ Sie mir bitte eine Nachricht.
a) verlassen b) belassen c) überlassen d) hinterlassen

46. Wir __________ über ein reichhaltiges Sortiment.
a) hoffen b) verfügen c) warten d) mangeln

47. Es gibt Steuergelder, die allein den Bundesländern _____-stehen.
a) aus- b) zu- c) vor- d) be-

48. Viele __________ schon den Ruhestand als Frührentner.
a) profitieren b) freuen sich c) genießen d) erfreuen sich

49. Immer mehr Frauen __________ ihren beruflichen Horizont zu erweitern.
a) konnten b) wollten c) sollten d) vermochten

50. Der Minister behauptet, dass drastische Maßnahmen __________.
a) müssten getroffen werden c) getroffen werden müssen
b) getroffen hätten d) würden getroffen

51. __________ ihr, ob der Direktor unter dieser Nummer zu erreichen ist?
a) Weißt b) Wisst c) Weiß d) Wissen

52. Die Zeitung berichtet : »Deutschland ist als Investitionsland wieder attraktiv.«
Die Zeitung berichtet, Deutschland __________ als Investitionsland wieder attraktiv.
a) werde b) sei c) würde d) sei ... gewesen

53. Ferner heißt es :»Die Vergleichswerte für die Vorjahre waren negativ.«
Ferner heißt es, die Vergleichswerte für die Vorjahre __________ negativ __________ .
a) seien / ø b) wären / ø c) seien / gewesen d) würden / sein

54. Im Wirtschaftsblatt steht: »Die Investitionen werden bald zunehmen.«
Im Wirtschaftsblatt steht, die Investitionen __________ bald __________ .
a) werden ... zunehmen c) würden ... zunehmen
b) nähmen ... zu d) hätten ... zugenommen

55. Der Kunde fragt: »Wann kann ich beliefert werden?«
Der Kunde fragt, wann ____________________.
a) ich beliefert werde c) er beliefern könnte
b) er beliefert werden könne d) er könnte beliefert werden

56. Dann fragt er noch: »Hatte die Firma Produktionsschwierigkeiten?«
Dann fragt er noch, ____________________.
a) hätte die Firma Produktionsschwierigkeiten
b) ob die Firma Produktionsschwierigkeiten habe
c) ob die Firma Produktionsschwierigkeiten gehabt habe
d) hätte die Firma Produktionsschwierigkeiten gehabt

57. Der Verkäufer antwortet: »Die Produktionsabteilung hat zur Zeit Probleme; sie werden aber bald behoben werden.«
Der Verkäufer antwortet, ____________________.
a) die Produktionsabteilung werde zur Zeit Probleme haben; sie würden aber bald behoben
b) die Produktionsabteilung habe zur Zeit Probleme; sie würden aber bald behoben werden
c) die Produktionsabteilung habe zur Zeit Probleme gehabt; sie würden aber bald behoben
d) die Produktionsabteilung hätte zur Zeit Probleme gehabt; sie seien aber bald behoben worden

58. Die Sekretärin buchte den Flug nach Moskau.
Wählen Sie den entsprechenden Satz im Passiv.
a) Der Flug nach Moskau wird von der Sekretärin gebucht.
b) Der Flug nach Moskau wird von der Sekretärin gebucht werden.
c) Der Flug nach Moskau wurde von der Sekretärin gebucht.
d) Der Flug nach Moskau war von der Sekretärin gebucht worden.

59. Der Hauptgeschäftsführer wird die Filiale in Madrid eröffnen.
Wählen Sie den entsprechenden Satz im Passiv.
a) Die Filiale in Madrid wird vom Hauptgeschäftsführer eröffnet.
b) Die Filiale in Madrid wird vom Hauptgeschäftsführer eröffnet werden.
c) Die Filiale in Madrid war vom Hauptgeschäftsführer eröffnet worden.
d) Die Filiale in Madrid wurde vom Hauptgeschäftsführer eröffnet.

60. Der Leiter der Marketingabteilung hat diesen Bericht verfasst.
Wählen Sie den entsprechenden Satz im Passiv.
a) Dieser Bericht wird vom Leiter der Marketingabteilung verfasst werden.
b) Dieser Bericht ist vom Leiter der Marketingabteilung verfasst worden.
c) Dieser Bericht wird vom Leiter der Marketingabteilung verfasst.
d) Dieser Bericht war vom Leiter der Marketingabteilung verfasst worden.

C Präpositionen/Adverbien

Wählen Sie die richtige Antwort: a, b, c oder d. Eine Antwort ist richtig.

1. Die Arbeitslosigkeit ist _____ die Vier-Millionen-Marke gesunken.
a) über b) unter c) unten d) oben

2. Vor dem Euro litten die Exporteure _____ den Wechselkursschwankungen.
a) von b) an c) unter d) vor

3. Nächste Woche wird sie _____ China fliegen.
a) in b) zu c) ins d) nach

4. _____ Problem der Erwerbslosigkeit hat sich nicht viel geändert.
a) Beim b) Am c) Fürs d) Zum

5. _____ zwei Jahren war der Umsatz dieser Firma besser.
a) Von b) Vor c) In d) Mit

6. _____ die Hälfte des Bundesgebiets wird landwirtschaftlich genutzt.
a) Mehr b) Um c) Über d) Gegen

7. Deutschland ist _____ Investoren wieder attraktiv.
a) für b) an c) ø d) beim

8. Steht die Wirtschaft _____ einer Rezession?
a) vorn b) gegen c) bei d) vor

9. Wir haben die Prognosen nach _____ korrigiert.
a) unter b) drunten c) unten d) drunter

10. Die jüngste Prognose liegt _____ zwei Prozent Wachstum.
a) um b) bei c) an d) nach

11. Es gibt einen Trend _____ höherer Qualifikation.
a) bei b) von c) zu d) für

12. In den Entwicklungsländern ist der Arbeitstag für Frauen _____ dem Land besonders lang.
a) in b) am c) auf d) bei

13. _____ diese Arbeit bin ich nicht zuständig.
a) Um b) Für c) Zu d) Bei

14. Eine gute Qualifikation ist der beste Schutz _____ Arbeitslosigkeit.
a) entgegen b) vor c) von d) für

15. Ein Arbeitsuchender muss _____ solide Kenntnisse verfügen.
a) von b) ø c) um d) über

16. Bei uns kümmern sich Profis _____ Ihr Geld.
a) für b) mit c) über d) um

17. Diese Zahl entspricht _____ einer Arbeitslosenquote von 11%.
a) zu b) an c) ø d) mit

18. Der Autoverkehr wird _____ dichter.
a) mehr b) immer c) so d) mehr und mehr

19. Die Schweizer liegen an der Spitze _____ den Ausgaben für Informationstechnik.
a) bei b) für c) gegenüber d) hinsichtlich

20. In Deutschland betragen die Ausgaben für Kommunikationstechnik 1500 Euro _____ Einwohner.
a) jeden b) je c) jenen d) ø

21. _____ 35-Stunden-Woche können Selbstständige nur träumen.
a) Der b) Von der c) Vor der d) Über die

22. Die Ausgaben für Müllabfuhr sind _____ Teil enorm gestiegen.
a) zum b) im c) am d) zu

23. Es geht _____ die Hilfe für die Länder der Dritten Welt.
a) bei b) mit c) um d) zu

24. _____ dem Vorjahr haben viele ihr Einkommen verbessert.
a) Gegen b) Über c) Entgegen d) Gegenüber

25. Ich habe _____ Unrecht Sozialleistungen bezogen.
a) mit b) zu c) wegen d) aus

26. Die Suche _____ den besten Unternehmen ...
a) ø b) von c) unter d) nach

27. ... beginnt jetzt in _____ Deutschland.
a) ganzem b) gänzlich c) ganzer d) ganz

28. Falls es ein Problem gibt, können Sie uns auch _____ der üblichen Geschäftszeiten anrufen.
a) in b) außerhalb c) um d) zu

29. Dieser Händler beginnt erst am späten Vormittag _____ dem Verkauf.
a) bei b) mit c) an d) ø

30. Die Exporte sind _____ dem Vorjahreszeitraum erheblich zurückgegangen.
a) entgegen b) gegen c) gegenüber d) dagegen

31. Wir freuen uns im Voraus _____ Ihren Besuch.
a) an b) über c) auf d) von

32. Strenge Vorschriften tragen _____ Senkung der Arbeitsunfälle bei.
a) zum b) an die c) zur d) an der

33. Wir warnen Sie _____ diesem riskanten Geschäft.
a) von b) vor c) gegen d) gegenüber

34. Das Minus ist geringer als in den Jahren _____ .
a) bevor b) vor c) vorher d) zuvor

35. Kreditkarten erfreuen sich _____ großer Beliebtheit.
a) auf b) über c) ø d) an

36. ___ Feiertagen, _____ Urlaub und _____ Krankheit muss die Firma weiterzahlen.
a) Für / ø / ø b) An / im / bei c) Zu / in / für d) Nach / am / wegen

37. Das Krankengeld wird _____ der siebten Woche von der Krankenkasse gezahlt.
a) von b) bei c) mit d) ab

38. Die Sekretärin hat sich _____ Namen des Kunden geirrt.
a) am b) beim c) bei d) vom

39. Ohne Investitionen verliert ein Boom schnell _____ Kraft.
a) ø b) an c) von d) bei

40. Die Gewerkschaft erinnert _____ den Streik von 1957.
a) ø b) von c) in d) an

41. Für viele Einzelhändler endete das Jahr _____ einem Minus.
a) bei b) in c) durch d) mit

42. Die Einnahmen sind _____ 15 Prozent _____ 12 Prozent gesunken.
a) um / bis b) von / zu c) von / auf d) ø / bis

43. _____ diese Frage gibt es noch keine Antwort.
a) An b) Zu c) Über d) Auf

44. Wir sehen uns _____ gezwungen, Sie auf Schadenersatz zu verklagen.
a) leidlich b) leidig c) leider d) leidvoll

45. Wir danken _____ Ihren Auftrag vom 27. 07.
a) Sie für b) euch zu c) Sie um d) Ihnen für

46. Wir beziehen uns _____ Ihr Angebot vom 28. 02.
a) über b) auf c) an d) ø

47. _____ Ihrem Angebot erteilen wir Ihnen folgenden Auftrag.
a) Mäßig b) Gemessen c) Dermaßen d) Gemäß

48. _____ Angebot gewähren Sie eine dreijährige Garantie ___ die Maschinen.
a) Nach / über b) Laut / auf c) Im / an d) Per / zu

49. Wir haben eine Bestellung _____ 100 Fax-Geräte aufgegeben.
a) auf b) an c) um d) über

50. _____ mit Bezahlung der Rechnung besitzen Sie die Ware, eher nicht.
a) Nur b) Eher c) Erstens d) Erst

51. Ein Arbeiter kann eine vorgezogene Rente _____ 60. Lebensjahr beziehen.
a) von dem b) bis zum c) ab dem d) an dem

52. Die Firma hofft _____ ein Riesengeschäft.
a) ø b) in c) über d) auf

53. _____ sinkender Nachfrage ist man _____ Investitionen vorsichtig.
a) Bei / mit b) Mit / bei c) Wegen / an d) Nach / zu

54. Die Zahl der Auslandsreisen hat sich _____ der letzten 10 Jahre ...
a) innen b) in c) innerhalb d) währenddessen

55. ... _____ siebzig Prozent erhöht.
a) über b) um c) gegen d) von

56. Die bisherigen Zahlen deuten _____ einen Rückgang hin.
a) ø b) an c) über d) auf

57. _____ Furcht _____ einer zu hohen Handwerkerrechnung basteln immer mehr Leute.
a) Aus / vor b) Die / von c) Wegen / ø d) Gegen / von

58. _____ angestellt, dann selbstständig.
a) Nur b) Weder c) Noch d) Erst

59. Die Schule möchte die Jugendlichen _____ die Arbeitswelt vorbereiten.
a) über b) auf c) zu d) an

60. Wir sind gegen Schäden versichert, _____ eine Selbstbeteiligung von 500 Euro.
a) bis auf b) außer c) vorbehaltlich d) außerhalb

D Konjunktionen/Pronomen

Wählen Sie die richtige Antwort: a, b, c oder d. Eine Antwort ist richtig.

1. Viele Einzelhändler schließen ihr Geschäft, _____ ihre Lage nicht katastrophal ist.
a) trotz b) weshalb c) obwohl d) denn

2. Er fragt sich, _____ Frankreich der größte Stromexporteur ist.
a) wenn b) als c) ob d) dass

3. Er zahlt mehr ein, _____ er wieder herausbekommt.
a) denn b) als c) der d) was

4. Sie hat die Firma gewechselt, _____ sie hatte keine Aufstiegsmöglichkeiten.
a) sondern b) obwohl c) weil d) denn

5. Es ist ein Luxus, _____ wir uns nicht leisten können.
a) der b) das c) dessen d) den

6. Die Transportmittel, _____ wir brauchen, kosten viel Geld.
a) deren b) dessen c) den d) die

7. _____ Arbeitgeber interessiert, ...
a) Der b) Den c) Dass d) Denn

8. ..., _____ der Angestellte ihn kostet.
a) dass b) was c) ob d) wenn

9. Die Subventionen bekommt nur, _____ irgendwo investiert.
a) der b) den c) dass d) wer

10. Es ist das Beste, _____ er kaufen konnte.
a) dem b) ø c) was d) den

11. Die Sozialhilfe hilft _____ , die in Not sind.
a) die b) dem c) den d) denen

12. Ich weiß nicht mehr genau, _____ die Sendung weggeschickt wurde.
a) dass b) wenn c) als d) wann

13. _____ wir uns kennengelernt haben, arbeitete er noch bei der Baufirma.
a) Als b) Da c) Wann d) Wenn

14. Die Maschinen liefen auf vollen Touren, _____ die Krise kam.
a) vorher b) vor c) zuvor d) bevor

15. Die Wirtschaft wächst zu kräftig, _____ es zu einer Krise kommen könnte.
a) als b) dass c) als ob d) als dass

16. Die Betriebe sind skeptisch, _____ neue Anlagen nötig sind.
a) dass b) ob c) wenn d) deswegen

17. Kein Arbeitgeber kann mehr geben, _____ er hat.
a) als b) was c) dass d) das

18. _____ eine betriebliche Ausbildung absolvieren will, ...
a) Der b) Wo c) Wer d) Wen

19. ..., _____ zieht es in kaufmännische Betriebe.
a) der b) den c) das d) was

20. Über die Hälfte _____ , was erarbeitet wird, holt sich der Staat.
a) ø b) wessen c) deren d) dessen

21. _____ wir das nötige Geld aufbringen können, steht außer Zweifel.
a) Als b) Dass c) Wenn d) Sofern

22. _____ die Arbeitslosigkeit hoch ist, ist es nicht einfach, qualifiziertes Personal zu finden.
a) Obwohl b) Während c) Da d) Weil

23. _____ die Preise gesenkt worden waren, wurde wieder mehr verkauft.
a) Nachher b) Darauf c) Nachdem d) Danach

24. Wir überweisen Ihnen den Rechnungsbetrag, _____ die Sendung bei uns eintrifft.
a) sofort b) alsbald c) sobald d) als

25. Teilen Sie uns bitte mit, _____ wir Sie beliefern können.
a) wenn b) wann c) obwohl d) dass

26. _____ ich die Stelle nicht bekomme, muss ich stempeln gehen.
a) Denn b) Falls c) Trotz d) Als

27. Deutschland ist das Modell, _____ viele nacheifern.
a) das b) den c) dem d) dass

28. Teilen Sie uns bitte mit, _____ Sie den Auftrag an die Konkurrenz vergeben haben.
a) weil b) deshalb c) weshalb d) deswegen

29. Es gibt Fälle, bei _____ das Gericht die letzte Instanz ist.
a) deren b) den c) denen d) welchem

30. Sagen Sie uns bitte bald, _____ Sie interessiert sind.
a) womit b) woran c) wovon d) wofür

31. _____ schwerer die Arbeit, _____ höher der Lohn.
a) So / so b) Je / je c) Desto / je d) Je / desto

32. _____ er in Berlin angekommen war, mietete er einen Wagen.
a) Solange b) Nachdem c) Seitdem d) Während

33. Ich bin bereit, einen anderen Job _____ den erlernten auszuüben.
a) dass b) wie c) statt d) als

34. _____ wir den Kredit gewähren, holen wir Einkünfte über die Firma ein.
a) Vor b) Bevor c) Zuvor d) Davor

35. _____ wir der Konkurrenz ausgesetzt sind, bleiben unsere Preise vorteilhaft.
a) Trotz b) Als c) Obwohl d) Ob

36. Diese Artikel sind viel zu teuer, _____ der Durchschnittskunde sie kaufen könnte.
a) als dass b) als c) dass d) die

37. Leider müssen wir Ihnen mitteilen, _____ wir unsere Geschäftstätigkeit aufgeben.
a) da b) das c) denn d) dass

38. _____ die Gesellschaft aufgelöst wird, wird ein Konkursverwalter bestellt.
a) Wegen b) Deswegen c) Da d) Denn

39. Wir haben Ihre Adresse von Herrn Müller, _____ wir seit langem kennen.
a) der b) dem c) dass d) den

40. Teilen Sie uns bitte mit, _____ Sie die Lieferung vornehmen können.
a) das b) wenn c) wann d) da

41. Viele von denen, _____ einen Job suchen, sind über 40 Jahre alt.
a) die b) den c) der d) welchen

42. Wir möchten erfahren, _____ Sie auf das Angebot verzichtet haben.
a) deshalb b) darum c) deswegen d) weshalb

43. _____ Ihnen entgegenzukommen, machen wir Ihnen folgendes Angebot.
a) Zu b) Damit c) ø d) Um

44. Unsere Preise liegen unter _____ unserer Mitbewerber.
a) die b) den c) denen d) ø

45. Das Auto ist zwar schön, _____ auch sehr teuer.
a) dennoch b) trotzdem c) aber d) sondern

46. _____ Sollten Sie unsere Modelle interessieren, so könnten wir Ihnen Muster zuschicken.
a) ø b) Wenn c) Ob d) Wann

47. Sie erhalten die Ware, kurz _____ Sie bestellt haben.
a) nach b) nachher c) nachdem d) danach

48. Wir bestehen _____ , _____ der Auftrag termingerecht ausgeführt wird.
a) darin, da b) darauf, dass c) daraus, ø d) damit, denn

49. Besten Dank für den Auftrag, _____ Sie unserem Vertreter erteilt haben.
a) dass b) das c) ø d) den

50. Es ist die Firma, _____ Vertreter wir seit langem kennen.
a) von der b) dessen c) derer d) deren

51. Die Waren werden per Post versandt, _____ wir Ihre Anzahlung erhalten haben.
a) sofort b) danach c) vorher d) sobald

52. Ich sage es dir, _____ du Bescheid weißt.
a) darum b) damit c) ob d) wie

53. Beim Kauf will der Kunde wissen, _____ betrügt.
a) wer wen b) wen ø c) wer den d) der den

54. _____ Geldsparen vernünftig ist, glauben viele.
a) Wenn b) Obgleich c) Dass d) Als

55. _____ Bargeld auszugeben, greifen die Leute zum Plastikgeld.
a) Damit b) Anstatt c) Zu d) Viel

56. _____ die Ersparnisse nicht ausreichen, muss ein Kredit aufgenommen werden.
a) Im Falle b) Falls c) Gegebenenfalls d) Für den Fall

57. Die Löhne steigen in dem Umfang, _____ die Produktivität wächst.
a) wie b) wo c) wann d) weshalb

58. Die Gewinne schrumpfen _____ mehr, als die Preise fallen.
a) viel b) je c) als d) umso

59. Noch wächst die Wirtschaft, _____ schwächer als erwartet.
a) auch so b) wenn auch c) noch so d) als auch

60. Es ist ein Rohstoff, aus _____ Öl „Bio-Diesel" gewonnen wird.
a) dem b) denen c) dessen d) deren

E Sprachbausteine

Wählen Sie die richtige Antwort: a, b, c oder d. Eine Antwort ist richtig.

1. _____ gehört dieses Unternehmen?
a) Wer b) Wem c) Wessen d) Wen

2. Als schwerbehindert gilt, _____ Erwerbsfähigkeit um mindestens 50% eingeschränkt ist.
a) der b) des c) die d) wessen

3. Die 15 größten Unternehmen teilen zwei Fünftel des Gesamtumsatzes unter _____ .
a) sich b) ihr c) einem d) sie

4. Frauen arbeiten länger _____ Männer.
a) wie b) dass c) denn d) als

5. Was Sie verlangen, ist viermal _____ wie vor zehn Jahren.
a) vieler b) plus c) meist d) so viel

6. Ein _____-teil der Dienstleistungen wird von Freiberuflern erbracht.
a) Groß- b) Größt- c) Größtens- d) Größen-

7. Die Bank wird den Betrag von _____ aus zurückzahlen.
a) ihm b) sich c) ihrer d) selbst

8. Die __________ Jahre wurden durch die asiatische Krise geprägt.
a) neunzig b) Neunzigern b) neunzigsten d) neunziger

9. In Asien hat der Ausbau der Kernenergie __________ begonnen.
a) nur noch b) erst c) nur d) erstens

10. Die Informationswirtschaft __________ als Wachstumsbranche.
a) passiert b) betrachtet c) gilt d) hält

11. Das Geld kommt __________ von Sparbüchern oder aus dem Verkauf von Wertpapieren.
a) oder b) weder c) entweder d) noch

12. Das ist doppelt __________ wie vorher.
a) mehr b) größer c) viel d) so viel

13. Nicht alle Betriebe haben __________ Krise überlebt.
a) der b) über die c) an der d) die

14. Die Dividenden erbrachten ein Einkommen von rund_____ 100 000 Euro.
a) -en b) -um c) -ø d) -lichen

15. __________ fiel es schwer, sich von der Mark zu trennen.
a) Viele b) Vieler c) Die meisten d) Den meisten

16. Finanziell greift der Staat den Bürgern unter die __________ .
a) Beine b) Füße c) Schultern d) Arme

17. Wie viel es auch kosten mag, ______________ .
a) ich die Ware bestelle c) ich bestelle die Ware
b) wenn ich die Ware bestelle d) ob ich die Ware bestelle

18. Kredite kommen _____ Staat teuer zu stehen.
a) den b) dem c) des d) der

19. Es handelt sich um eine Schätzung des München_____ Meinungsforschungsinstituts.
a) -ø b) -en c) -s d) -er

20. Das Defizit dürfte halb __________ wie in der abgelaufenen Periode ausfallen.
a) größer b) so groß c) groß d) große

21. Die Produktionsstörung hat ein_____ paar Kunden geschadet.
a) -ø b) -em c) -en d) -er

22. Die Sozialversicherung ist die __________ bedeutendste Sicherungsinstitution.
a) von weitem b) weiteste c) auf weitem d) bei weitem

23. Heute werden Auszubildende _____ rarer.
a) sehr b) ganz c) so d) immer

24. Wenn es _____ Recht ist, treffen wir uns morgen.
a) du b) dich c) dir d) deine

25. Wir sehen _____ gezwungen, die Firma gerichtlich zu belangen.
a) uns b) Ihnen c) Sie d) sich

26. Die Brüssel_____ Kommission soll das Abkommen neu verhandeln.
a) -s b) -ø c) -er d) -chen

27. _______________ die Gesellschaft *Süd-Export* in Hamburg.
a) Es geht dabei b) Es geht mit c) Es handelt von d) Es handelt sich um

28. Der Kassenzettel dient _____ Garantie.
a) zu b) für c) als d) die

29. Auftrags-__________ haben wir Ihre Waren nach Tunesien verschifft.
a) -maßen b) -halber c) -weise d) -gemäß

30. Über die __________ des Gebiets wird nicht genutzt.
a) Hälfte b) Drittel c) Viertel d) Fünftel

31. _____ China gehörte zu den »asiatischen Tigern«.
a) Das b) ø c) Die d) An

32. Die Ausgaben werden auf anderthalb Million_____ ansteigen.
a) -e b) -ø c) -en d) -s

33. Vor kurzem war Deutschland noch der __________-größte Waffenexporteur der Welt.
a) dritt- b) drei- c) dreier- d) dritten-

34. Die Ausgaben belaufen sich auf __________ sieben Milliarden.
a) runden b) rundum c) rundliche d) rund

35. Die Investitionen sind doppelt _____ hoch _____ im Vorjahr.
a) ø / als b) ø / wie c) so / als d) so / wie

36. Die Werbung per Post kommt vor allem der Deutschen Post __________ .
a) zugute b) zu gut c) zur Güte d) zum Gut

37. __________ konnten sich beide Parteien nicht auf ein Datum einigen.
a) Bislang b) Solange c) Längstens d) Länglich

38. Das Minus ist geringer _____ in den Jahren _____.
a) ø / bevor b) wie / vorher c) als / zuvor d) wie / vor

39. Um dieses Projekt zu realisieren, __________ es erheblicher Investitionen.
a) braucht b) muss c) gehört d) bedarf

40. __________ dass wir Maschinen gekauft haben, sind wir wettbewerbsfähiger geworden.
a) Deswegen b) Deshalb c) Dadurch d) So

41. Nach eineinhalb Jahr_____ konnte der Betrieb saniert werden.
a) -e b) ø c) -es d) -en

42. Wir haben das Geld erhalten, _____ des Kindergeldes.
a) ausgenommen b) bis auf c) einschließlich d) einbegriffen

43. Viele asiatische Firmen haben sich _____ Elsass angesiedelt.
a) in b) im c) ins d) in den

44. Hier sind zwei Artikel: der billig_____ ist selten der bes_____ .
a) -ste / -te b) -ere / -sere c) -e / -te d) -ste / -sere

45. Wir haben Ihnen etwas Preiswert_____ anzubieten.
a) -e b) -en c) -ø d) -es

46. Wir haben alle Artikel gekauft, _____ Arbeitstisch ausgenommen.
a) den b) der c) die d) dem

47. Kleine Geschäfte sind _____ wichtig _____ große.
a) so / ø b) so / wie c) ø / als d) wie / ø

48. Er kaufte __________ neue Schuhe.
a) ein paar b) ein Paar c) ø / paar d) ø / Paar

49. Wir bestellen hiermit zehn Karton_____ Zahnpasta.
a) -s b) -e c) -en d) -ø

50. _______________ der Lieferung vom 12.10. teilen wir Ihnen Folgendes mit.
a) In Bezug auf
b) Wir beziehen uns auf
c) Bezüglich
d) Beziehend

51. _____ Europa von Maastricht Resultat deutscher Visionen ist, ...
a) Dass b) Da c) Das d) Dass das

52. ..., entdecken heute __________ französische Politiker.
a) alle b) einige c) jene d) die beiden

53. Jedes __________ für das nicht europäische Ausland bestimmte Paket ...
a) Artikel b) Ware c) ø d) Produkt

54. ... muss mit einer Zollerklärung versehen __________ .
a) worden b) haben c) ø d) sein

55. Wir teilen Ihnen _____ Wunsch ...
a) nach b) auf c) den d) über

56. ... weitere Einzelheiten über unser __________ mit.
a) Katalog b) Preisliste c) Angebot d) Produktpalette

57. Wir bestätigen hiermit unser __________ vom 27.07. ...
a) Post b) Brief c) Sendung d) Schreiben

58. ... und schicken Ihnen in der Anlage eine Rechnung _____ 252 Euro.
a) ab b) zu c) über d) um

59. Unsere Firma ist die __________-größte der Stadt.
a) zweite- b) zweit- c) zwei- d) zweiten-

60. Die Kosten betragen zwei Euro __________ Erwachsenen.
a) jeden b) jenen c) je d) jeweils

Stimmen die Aussagen mit dem Text überein?
Wenn ja, markieren Sie auf dem Antwortbogen a) = richtig, wenn nicht, markieren Sie b) = falsch

Text 1

Geschäftsbericht II. Quartal / Auszug

1. Auftragslage
2. Produktion
3. Finanzplanung
4. Forschung und Entwicklung

1. Auftragslage

Trotz der stagnierenden Wirtschaftslage kann der Geschäftsverlauf unseres Unternehmens als befriedigend bezeichnet werden. Zwar blieb der Auftragseingang im Inlandsgeschäft während des II. Quartals unter dem Niveau des Vorjahres, doch steht diesem Rückstand eine Zunahme der Exportaufträge gegenüber. Insgesamt liegt der Auftragsbestand um 4,3% höher als im Berichtszeitraum des vergangenen Jahres.

2. Produktion

Durch den neuen Maschinenpark konnte nicht nur die Produktion um 10% gesteigert, sondern auch die Produktionszeit verkürzt werden. Durch diese Veränderungen wird unser Betrieb auch auf internationaler Ebene wettbewerbsfähiger.

1. Die wirtschaftliche Lage des Unternehmens ist zufriedenstellend.

a) richtig
b) falsch

2. Der Auftragsbestand im Inlandsgeschäft ist höher als im letzten Jahr.

a) richtig
b) falsch

3. Durch den neuen Maschinenpark gewinnt der Betrieb an Wettbewerbsfähigkeit.

a) richtig
b) falsch

Text 2

Ihr Schritt zum selbstständigen Personalberater

Sie sehen Ihre persönliche Zukunft in der selbstständigen Partnerschaft innerhalb einer etablierten Unternehmensberatung?

Wir sind eine bekannte, seit elf Jahren bestehende Personal- und Unternehmensberatung mit einem breiten und marktbeständigen Beratungs- und Leistungsspektrum, Partnern in mehreren Metropolen Deutschlands sowie einer bundesweiten, erstrangigen Klientel.

Wir bieten erfahrenen Managern (möglichst aus dem Personalwesen) ein interessantes und erfolgssicheres Kooperationsmodell auf der Basis Ihrer selbstständigen und aktiven Partnerschaft. Einarbeitung, Vertriebstraining, Informationsgrundlagen, weitreichende Unterstützung und fortlaufendes Coaching sind Ihnen ebenso garantiert wie der ständige Kontakt mit allen Partner-Beratern unseres Hauses.

Auf Ihre erste Kontaktaufnahme antworten wir Ihnen mit detaillierten Informationen.

Zuschriften erbeten unter 189254

1. Dieses Personalberatungsunternehmen sucht einen Angestellten, der ausschließlich für diese Firma arbeiten wird.

a) richtig
b) falsch

2. Es wird ein Manager gesucht, der die Partner in den Großstädten Deutschlands zu besuchen hat.

a) richtig
b) falsch

3. Es werden ihm Einarbeitung, Coaching und ein Vertriebstraining angeboten.

a) richtig
b) falsch

4. Er wird nur selten Kontakt mit Partner-Beratern haben.

a) richtig
b) falsch

5. Die Beratung anbietende Firma beruft sich auf eine zwanzigjährige Erfahrung.

a) richtig
b) falsch

Teil 3 Leseverstehen

Beantworten Sie die unten stehenden Fragen. <u>Eine</u> Antwort ist richtig.

Text 3

Messe informiert über Chancen bei Zeitarbeit

43 Zeitarbeitsfirmen präsentieren sich heute von 9 bis 17 Uhr im *Arbeitsamt München*, Kapuzinerstraße 30, auf der Info-Messe „Zeitarbeit“. Sie bieten Stellen aus dem kaufmännischen, gewerblichen und akademischen Bereich an. Nach Angaben des Arbeitsamtes boomt die Branche, weil viele Unternehmen das „Personalleasing“ gezielt als Instrument ihrer Personalpolitik einsetzen. Bis zu zwölf Monaten können so Arbeitsplätze besetzt werden. Während dieser Zeit kann sich der Arbeitgeber ein Bild über den „Leih“-Mitarbeiter machen, und oft schließen sich unbefristete Arbeitsverhältnisse an. Insbesondere Jungakademikern bieten Zeitarbeitsfirmen einen ersten beruflichen Einstieg. Hoch im Kurs stehen Wirtschaftswissenschaftler, Ingenieure und Experten der Informationstechnologie. Angebote soll es aber auch für Juristen, Geisteswissenschaftler, Mediziner und Naturwissenschaftler geben. Natürlich bieten Zeitarbeitsfirmen ebenso Chancen für einen beruflichen Wiedereinstieg oder eine Umorientierung.

Süddeutsche Zeitung

1. Der Erfolg des Zeitarbeit-Sektors ist zurückzuführen auf

a) eine immer größere Nachfrage im akademischen Bereich.
b) eine effiziente Personalpolitik der Unternehmen.
c) den finanziellen Vorteil des Personalleasings für das Arbeitsamt.

2. Die im Rahmen dieses Experiments angebotenen Arbeitsplätze können __________ besetzt werden.

a) nur 12 Monate
b) höchstens zwölf Monate
c) zwei Jahre lang

3. Diese Form der Leih-Mitarbeiter erlaubt

a) nur Jungakademikern einen ersten beruflichen Einstieg.
b) nur befristete Arbeitsverträge.
c) den Arbeitgebern, die Mitarbeiter-Kandidaten besser zu kennen.

4. Die meisten Stellenangebote erhalten

a) Wirtschaftswissenschaftler.
b) Lehrer.
c) Pfarrer.

Text 4

Globalisierung

Beim Blick auf jene, die von Globalisierung gehört und eine deutliche Vorstellung davon haben, fällt auf, dass sie auch anderweitig über den eigenen Tellerrand hinausschauen: Immerhin 76 Prozent sprechen eine oder mehrere Fremdsprachen, und 64 Prozent haben schon einmal andere Kontinente bereist. Von den Befragten, die über Globalisierung nichts wissen, sprechen dagegen 72% keine Fremdsprache, und 69% haben noch nie den Fuß vor die europäische Haustür gesetzt.

Insgesamt sind Bundesbürger, die sich für Globalisierung interessieren, hinsichtlich ihrer Zukunft und der wirtschaftlichen Entwicklung deutlich optimistischer als andere. So sehen 53% der Globalisierungskenner den nächsten zwölf Monaten mit Hoffnungen entgegen, gegenüber 41% bei den globalisierungsfernen Bundesbürgern. Umgekehrt äußert nur jeder siebte „Experte“, aber jeder vierte „Laie“ Angst vor der Zukunft.

contact

1. Die Globalisierungskenner

a) wollen nur europäische Gerichte essen.
b) sammeln Teller aus allen Kontinenten.
c) reisen viel und gern durch die Welt.

2. Die Befragten, die über die Globalisierung nichts wissen,

a) reisten nur innerhalb Europas.
b) sprechen mehrere Fremdsprachen.
c) machen oft Fernreisen.

3. Die Bundesbürger, die sich für Globalisierung interessieren,

a) setzen mehr Vertrauen in die Zukunft.
b) sind hinsichtlich ihrer Zukunft eher pessimistisch als optimistisch.
c) blicken ängstlicher in die Zukunft als andere.

4. Dem Artikel nach

a) sind 41 Prozent der „Globalisierungsexperten“ sehr optimistisch.
b) blicken 53 Prozent der „Laien“ durch eine rosa Brille in die nächsten zwölf Monate.
c) steht ein Viertel der „Laien“ der nahen Zukunft sehr misstrauisch gegenüber.

Text 5

Informationen aus vielen Quellen

Der Kauf eines neuen Autos will gut überlegt sein. Wie schneidet das künftige Wunschfahrzeug im Test ab? Wie hoch ist der Benzinverbrauch? Welche Mängel beanstandet der *Technische Überwachungs-Verein (TÜV)* am häufigsten? Was sagt die Pannenstatistik? Wie hoch sind Steuer und Versicherung? Eine Umfrage der *Deutschen Automobil Treuhand (DAT)* zeigt, dass sich die Neuwagenkäufer intensiv informieren. An erster Stelle steht das Gespräch mit dem Händler oder dem Verkäufer. Die Probefahrt mit dem Wunschmodell steht ebenso auf dem Programm wie die Lektüre von Fahrberichten. Über ein Drittel (35 Prozent) nutzt das Internet, um sich über Vor- und Nachteile schlauzumachen. Dieses Medium ist heute auch für den Kauf viel wichtiger als noch vor fünf Jahren.

contact

1. Einer Umfrage nach

a) wird fast immer der erstbeste Wagen gekauft.
b) will man alles über das künftige Auto wissen.
c) haben die Käufer kein Vertrauen zu dem Händler.
d) spielt das Gespräch mit dem Verkäufer fast keine Rolle.

2. Immer mehr Leute

a) verzichten auf die Probefahrt.
b) würden lieber auf ein anderes Verkehrsmittel umsteigen.
c) legen großen Wert auf die von Spezialisten getesteten Fahreigenschaften.
d) machen einen Impulsivkauf.

3. Weiter erfahren wir, dass

a) fünfzig Prozent der Käufer ihr Auto über das Internet kaufen.
b) über ein Drittel dem Internet-Kauf noch misstrauen.
c) der Online-Kauf sich rasch entwickelt.
d) heute weniger Autos über das Internet verkauft werden als vor fünf Jahren.

Text 6

Deutsche Exporte und Asienkrise

In nahezu allen Ländern Europas wurden die Auswirkungen der Wirtschaftskrise in Asien deutlich gesehen. Die direkte Betroffenheit des europäischen Außenhandels war jedoch insgesamt relativ gering. Für die deutsche Wirtschaft lag der Anteil der Exporte nach Asien bei 10,5 Prozent – mit rückläufiger Tendenz. Der Anteil der deutschen Exporte in die Krisenregionen im engeren Sinne, einschließlich Japans, belief sich auf rund fünf Prozent. Stärker beeinträchtigt waren jedoch einzelne Branchen, etwa die des Bau- und Infrastruktursektors und auch die des Konsumgüterhandels. Unter diesem Gesichtspunkt erwies es sich als Vorteil, dass deutsche Exporteure im asiatischen Konsumgüterbereich nur schwach vertreten waren. Demgegenüber nahmen deutsche Unternehmen eine starke Position in den Bereichen ein, auf die die Krisenländer nicht verzichten konnten, um ihren Export aufrechtzuerhalten, etwa im Maschinen- und Anlagenbau.

contact

1. Die Auswirkungen der Asienkrise sind __________ zu spüren gewesen.

a) in ganz Europa
b) nicht nur in Europa
c) in fast ganz Europa
d) außerhalb des europäischen Raums

2. Dem Artikel nach

a) nahm der Anteil der Exporte immer mehr zu.
b) war der deutsche Außenhandel besonders hart betroffen.
c) exportierte Deutschland größtenteils in die Krisenregionen.
d) lag der Anteil der Exporte deutscher Betriebe nach Asien unter 15 Prozent.

3. Dass deutsche Exporteure auf dem asiatischen Konsumgütermarkt wenig vertreten waren,

a) war eher ein Vorteil.
b) war eher ein Nachteil.
c) spielte keine große Rolle.
d) kam besonders dem Bausektor zugute.

4. Deutsche Unternehmen mussten __________ verzichten.

a) nur auf den Maschinenbau
b) nur auf den Anlagenbau
c) auf Maschinen- und Anlagenbau
d) nicht auf eine starke Position im Anlagen- und Maschinenbau

Text 7

Gäste, die diebischen Elstern*

42,5 Millionen Euro Verlust beklagt der Deutsche Hotel- und Gaststättenverband (Dehoga). Das Bundeskriminalamt hat pro Jahr 80 000 Fälle von Diebstahl in deutschen Hotels, Gaststätten und Pensionen zu bearbeiten. Unschöne Bilanz der Reisenden, die nach der Übernachtung alles mitgehen lassen, was nicht niet- und nagelfest ist. Zahnputzgläser und Wolldecken, Bademäntel und Fernbedienungen, Handtücher und kleine Teppiche. Gleichgültig, ob auf den Objekten das Hotellogo aufgedruckt ist oder nicht. Das Klauen scheint zum Sport geworden zu sein, und die diebischen Reisenden werden immer unverschämter: einer ließ sich einen stabilen Pappkarton einer exakt definierten Größe auf die Suite bringen, um so unbeachtet den hauseigenen Fernsehapparat aus dem Hotel zu schmuggeln.

***diebische Elstern** *sagt man – nach dem schwarzweißen Rabenvogel, der glitzernde Gegenstände in sein Nest trägt, –, von Personen, die gern und oft stehlen.*

contact

1. Dem Artikel nach

a) gilt der deutsche Hotel- und Gaststättenverband als kriminell.
b) hat der Dehoga 80 Millionen Euro Verlust zu beklagen.
c) gibt es mehr Diebstähle in deutschen Hotels als in Pensionen.
d) wird in Hotels und Gaststätten gestohlen.

2. Die Reisenden stehlen,

a) weil die Übernachtung zu teuer ist.
b) weil sie Nieten und Nägel sammeln.
c) was nicht fest angebracht ist.
d) alles, was Wolldecken und Fernbedienungen gleicht.

3. Hier ein Beweis für die Unverschämtheit der Diebe:

a) Objekte mit aufgedrucktem Hotellogo wurden in Pappkartons rausgeschmuggelt.
b) Die Rechnung für die Suite wurde nicht beglichen.
c) Sogar ein Hotelfernsehgerät verschwand.
d) Ein Gast hat einen unverzollten Fernsehapparat auf seine Suite bringen lassen.

Text 8

Ein deutsches Pulver wird Weltmarke

Als Wäschewaschen noch knochenharte Frauenarbeit war, brachte Henkel ein neuartiges Waschpulver heraus. Bald darauf war Persil weltweit ein Begriff – seither tut Henkel viel, um seine Marktführerschaft zu verteidigen.

Um den enormen Fettbedarf für die Waschmittelherstellung zu sichern, unterhielt *Henkel* in den dreißiger Jahren eine eigene Walfangflotte. Der Zweite Weltkrieg brachte die Produktion zum Erliegen, das Regime verordnete Einheitswaschmittel.

Das Wiedererscheinen von *Persil* nach elf Jahren wurde als Rückkehr in die Normalität gefeiert. *Persil*-Plakate an den Wänden, Fähnchen an den Straßenbahnen und Spruchbänder verkündeten: „Aus Düsseldorf kommt wieder *Persil*“. Mit großem Werbeaufwand wurde die Marke wieder zum Begriff gemacht.

Der erste Werbespot im Fernsehen flimmerte 1956 über die noch wenigen Mattscheiben. Mit dem Wirtschaftswunder verdiente *Henkel* mit *Persil* viel Geld.

Der verschärften Konkurrenz begegnete der „*Persilmann*“ in den 80er Jahren im Fernsehen ganz konservativ: „*Persil*, da weiß man, was man hat“. Der bieder wirkende Slogan war in Wirklichkeit frech, denn Rezeptur und Form (Perlen, Gel) des Waschmittels wurden ständig verändert, um es zu verbessern oder neuen Kunstfasern, Waschmaschinen und auch dem wachsenden Umweltbewusstsein anzupassen: Seit zwanzig Jahren ist *Persil* phosphatfrei.

Den No-Name-Produkten der Discounter hat *Henkel* bislang trotzen können und seine Marktführerschaft in Deutschland mit einem Drittel Umsatzanteil zäh verteidigt. 1,3 Milliarden Maschinenladungen Wäsche werden im Jahr in Deutschland mit *Persil* gewaschen.

Im *Henkel*-Konzern ist das Flaggschiff Waschmittel heute neben Klebstoffen und Kosmetik eine von drei tragenden Säulen. Mehr als 50 000 Mitarbeiter erwirtschafteten im vergangenen Jahr 12,7 Milliarden Euro Umsatz.

Süddeutsche Zeitung

1. Gemäß dem Bericht der *Süddeutschen Zeitung*

a) ist Wäschewaschen seit jeher ein großer Spaß gewesen.
b) wurden Wale wegen *Henkels* Waschpulver getötet.
c) wurde das Waschpulver aus den Knochen der Wale gewonnen.
d) verbot das Regime Einheitswaschmittel.

2. Weiter erfährt man, dass

a) die Marke ihren Umsatz während des Krieges verdoppeln konnte.
b) *Persil* während des Zweiten Weltkrieges nicht produziert werden durfte.
c) das Regime von damals gegen das Aussterben der Wale war.
d) die Marke nach dem Krieg verboten worden war.

3. Die Zeitung berichtet auch, dass

a) *Persil* seinen Bekanntheitsgrad der Werbung verdanke.
b) Plakate, Fähnchen und Spruchbänder keine effizienten Werbeträger seien.
c) das weiße Pulver nie aus Düsseldorf gekommen sei.
d) das Wirtschaftswunder den Verkauf von *Persil* nicht beeinflusst hat.

4. Der Journalist weist darauf hin, dass

a) 1956 die Konkurrenz im Waschpulverbereich konservativ war.
b) *Persil* schon immer ohne Phosphat hergestellt wurde.
c) sich die Menschen seit den Achtzigerjahren ihrer gefährdeten Umwelt bewusster werden.
d) *Persil* nie verändert wurde.

5. Für *Henkel*

a) sind markenlose Produkte eine starke Konkurrenz.
b) bedeuten die Discounter keine Bedrohung seiner Marktführerschaft.
c) ist es wichtig, dass die Form des Waschmittels immer dieselbe bleibt.
d) hat die Waschpulverproduktion keine Bedeutung mehr.

6. Zum Schluss kann man feststellen, dass

a) der *Henkel*-Konzern auf zwei Hauptsäulen ruht.
b) das Waschpulver allein einen Umsatz von über 12 Milliarden Euro erwirtschaftete.
c) der *Henkel*-Konzern auch mit Klebstoffen und Kosmetik erfolgreich ist.
d) *Persil* einen Umsatzanteil von 50 Prozent auf dem deutschen Waschmittelmarkt aufweist.

Text 9

Eine neue Betrugsmasche

Wer ein Auto verkaufen möchte, sollte wachsam sein: Betrüger nutzen verstärkt Schecks als Zahlungsmittel, die entweder nicht gedeckt oder gestohlen sind.
Das Bundeskriminalamt (BKA) hat vor einer neuen Masche beim Betrug auf dem Gebrauchtwagenmarkt gewarnt. Opfer sind Autohändler und Privatleute in Deutschland, die Fahrzeuge im Internet oder in Fachzeitschriften zum Verkauf anbieten und mit falschen Schecks betrogen werden.

Da der Scheck meist einer ersten Überprüfung standhalte, werde er dem Verkäufer zunächst von seiner Bank gutgeschrieben. Erst später, nach Aushändigung des Autos, stellte sich laut *BKA* in bislang mehr als hundert Fällen heraus, dass der Scheck keine Deckung aufwies oder gestohlen war. Die gesamte Schadenssumme beläuft sich demnach auf rund 1,5 Millionen Euro.

nach: Süddeutsche Zeitung

1. Bei dieser neuen Betrugsart nutzen die Betrüger

a) gestohlene Barmittel.
b) gefälschte Wechsel.
c) ungedeckte Schecks.
d) gefälschtes Bargeld.

2. Opfer dieser Betrüger sind

a) nur Autohändler.
b) Privatpersonen und Autohändler.
c) nur Privatpersonen.
d) Banken.

3. Der falsche Scheck wird von der Bank angenommen, weil

a) der Betrug nicht sofort auffällt.
b) die Bankangestellten von den Betrügern bedroht werden.
c) die Betrüger mit den Bankangestellten gemeinsame Sache machen.
d) er überhaupt nicht überprüft wurde.

4. Der Scheck erwies sich erst als ungedeckt, als

a) das Auto bereits an den Kunden geliefert worden war.
b) der hundertste Betrugsfall aufgedeckt worden war.
c) das *BKA* den Verkäufer von dem Betrug in Kenntnis gesetzt hatte.
d) der Verkäufer vom *BKA* kontaktiert worden war.

Text 10

DGB fordert geänderte Berufsausbildung

Ein neues System zur Neuordnung der Ausbildungsberufe hält der Deutsche Gewerkschaftsbund (DGB) für erforderlich. DGB-Vorstandsmitglied Regina Körner räumte in Bonn ein, dass die Reform der Berufe voranschreite, was daran zu sehen sei, dass allein in den vergangenen drei Jahren 101 Berufe neu geordnet worden seien. Das berge aber die Gefahr, dass die Ausbildung immer spezialisierter werde. Dabei könne Berufsausbildung heute nicht mehr nur eine abgegrenzte Spezialisierung bedeuten, sondern müsse über die erforderliche Anpassung an neue technische oder arbeitsorganisatorische Entwicklungen hinaus auch den Wechsel innerhalb von Tätigkeitsfeldern ermöglichen. Es müssten mehr Grundlagen und mehr Wahlmöglichkeiten geschaffen werden. Es sollte weniger auf Spezialisierung, dafür aber auf die Einrichtung von Schnittstellen zwischen verschiedenen Ausbildungen und auf mehr Transparenz in beruflichen Qualifikationen geachtet werden.

Regina Körner hält die Forderung von immer mehr Branchen und Unternehmen nach maßgeschneiderten Ausbildungsordnungen für falsch. In einem 10-Punkte-Programm spricht sich der DGB deshalb dafür aus, Berufsfelder grundsätzlich im Zusammenhang miteinander neu zu ordnen. Dabei sollte man auf ein einheitliches Schema achten, bei dem zwischen Fachqualifikationen unterschieden werden müsse. An den mindestens drei Jahre dauernden Ausbildungszeiten sollte festgehalten werden.

1. Für DGB-Vorstandsmitglied Regina Körner

a) ist eine Reform der Ausbildungsberufe überflüssig.
b) wird die Reform der Berufe bald starten.
c) musste man in den vergangenen Jahren dreimal mehr Berufe neu ordnen.
d) ist ein neues System zur Ordnung der Ausbildungssysteme dringend notwendig.

2. Künftig soll die Berufsausbildung

a) sich auf immer mehr Teilbereiche spezialisieren.
b) Anpassung und Mobilität fördern.
c) den ständigen Berufswechsel einschränken.
d) nur die technologische Anpassung zum Ziel haben.

3. Voraussetzung für das neue System ist

a) die Wahlmöglichkeit bei der Berufsausbildung.
b) eine gesteigerte Spezialisierung.
c) weniger Qualifikation, aber mehr Transparenz.
d) weniger Transparenz, aber mehr Qualifikation.

4. Als DGB-Vorstandsmitglied

a) befürwortet Regina Körner maßgeschneiderte Ausbildungsordnungen.
b) vertritt sie eine Abkoppelung der verschiedenen Berufsfelder.
c) steht sie für das Festhalten an einer dreijährigen Ausbildungszeit.
d) hält sie die abgegrenzte Spezialisierung für unbedingt notwendig.

Text 11

Lauingens türkische Seite
Mischkonzern Kombassan investiert in Schwaben von Andrea Ross

Lauingen – Der türkische Mischkonzern *Kombassan*, der weltweit 30 Milliarden Umsatz macht und 40 000 Mitarbeiter beschäftigt, will jetzt in der schwäbischen Kleinstadt Lauingen (Landkreis Dillingen) investieren. Dies hat der Vorstandschef des Konzerns, Hasim Bayram, bei einem Besuch in Lauingen angekündigt. Der moslemische Firmenchef möchte auf diese Weise das besondere Engagement der Stadt Lauingen und ihres Bürgermeisters Georg Barfuß bei der Integration türkischer Mitbürger honorieren. In der 11 000 Einwohner zählenden Stadt Lauingen leben 800 Türken. Lauingen war die erste Kleinstadt Bayerns, die ihren türkischen Mitbürgern den Bau einer türkischen Moschee genehmigt hat.

CSU-Bürgermeister Barfuß, dessen ausländerfreundliche Politik in der eigenen Partei schon manche Irritationen ausgelöst hat, ist von dem türkischen Angebot begeistert: „Das ist wie ein Märchen aus 1000 und einer Nacht." Mit der geplanten Investition wird der *Kombassan*-Konzern auch seine deutsche Niederlassung in dem Kleinstädtchen an der Donau ansiedeln. *Kombassan* betreibt nach eigenen Angaben eine Kaufhauskette in den USA, ist der größte Reifenhersteller Vorderasiens und außerdem in der Bau- und Lederbranche tätig. In Lauingen ist offenbar an ein Joint-Venture mit einer Berliner Firma gedacht, die sich auf dem Gebiet der Solar- und Brennstoffzellentechnik engagiert.
Die Berliner bringen das technische Know-how ein und die Türken das Kapital. „Hier wird eine völlig neue Fabrik gebaut. Die Türken sind sehr an einer High-Tech-Produktion interessiert", sagt Bürgermeister Barfuß. Angeblich ist der Mischkonzern aus der Türkei bereit, in Lauingen bis zu 50 Millionen Euro zu investieren.

Süddeutsche Zeitung

1. Der türkische Konzern-Vorstandschef beabsichtigt

a) die Anzahl seiner Mitarbeiter weltweit zu erhöhen.
b) in Schwaben zu investieren.
c) die schwäbische Kleinstadt Lauingen um jeden Preis zu vermeiden.
d) seinen Besuch in Schwaben wegen Ausländerfeindlichkeit aufzuschieben.

2. Mit diesem Entschluss will er

a) den Bürgermeister der Stadt scharf kritisieren.
b) die Baugenehmigung für eine zweite Moschee erhalten.
c) dem Schwaben Barfuß für seine Ausländerfreundlichkeit danken.
d) gegen die Ausländerfeindlichkeit in Lauingen protestieren.

3. Die Parteifreunde des CSU-Bürgermeisters

a) sind von der Ankündigung des moslemischen Unternehmers ganz begeistert.
b) teilen die Begeisterung ihres Lauinger Parteifreunds.
c) sprechen von einem „Märchen aus 1000 und einer Nacht" an der Donau.
d) sind eher zurückhaltend gegenüber der Ausländerpolitik ihres Kollegen.

4. Der Mischkonzern *Kombassan*

a) betreibt Kaufhausketten in Vorderasien.
b) stellt Reifen und Lederwaren in den USA her.
c) lehnt Joint-Ventures ab.
d) denkt an ein Joint-Venture mit einer Berliner Firma.

Text 12

Fachkräftemangel lähmt Firmen

Über die Hälfte der Betriebe im verarbeitenden Gewerbe hat Probleme, offene Stellen zu besetzen. Wirtschaftsvertreter wie Gewerkschaften fordern nun, die Zuwanderung zu erleichtern.

Der Mangel an Facharbeitern droht nach Einschätzung von Wirtschaftsverbänden, Betrieben und Gewerkschaften den Aufschwung zu bremsen. Laut dem *Deutschen Industrie- und Handelskammertag (DIHK)* hat im verarbeitenden Gewerbe bereits mehr als die Hälfte der Firmen Probleme, Stellen zu besetzen.

Der Fachkräftemangel verhindere zunehmend das Entstehen neuer Jobs in Deutschland, sagte *DIHK*-Präsident Ludwig Georg Braun der *Süddeutschen Zeitung*. Der jüngsten Schätzung des Verbandes zufolge haben im verarbeitenden Gewerbe bereits mehr als die Hälfte der Firmen Probleme, offene Stellen zu besetzen. Die gewerbliche Wirtschaft zählt hierzulande 300 000 Betriebe mit etwa sieben Millionen regulär Beschäftigten.

Auch Daten der *Bundesagentur für Arbeit* weisen darauf hin, dass sich der Mangel an Fachkräften verschärft. „Nach unseren Informationen wollen jetzt deutlich mehr Unternehmen als noch zu Jahresanfang neue Arbeitsplätze schaffen", sagte Braun. „Allerdings macht der Mangel an qualifiziertem Personal immer mehr Betrieben einen Strich durch die Rechnung."

Süddeutsche Zeitung

1. Der *Süddeutschen Zeitung* nach

a) wird der Fachkräftemangel keinen Einfluss auf den Aufschwung haben.
b) gibt es keine offenen Stellen.
c) leiden über fünfzig Prozent der Firmen im verarbeitenden Gewerbe unter Personalmangel.
d) wird der Fachkräftemangel von den Wirtschaftsorganisationen unterschätzt.

2. Der *DIHK* behauptet,

a) in allen Wirtschaftssektoren ist der Bedarf an Fachkräften groß.
b) im verarbeitenden Gewerbe ist das Problem des Fachkräftemangels besonders akut.
c) im verarbeitenden Gewerbe sind fast alle Stellen zu besetzen.
d) dass der Fachkräftemangel das Entstehen neuer Jobs fördere.

3. Eine weitere Konsequenz des Fachkräftemangels ist:

a) 300 000 Unternehmen finden keine neuen Mitarbeiter.
b) Die gewerbliche Wirtschaft kann noch einige Millionen Menschen beschäftigen.
c) In der gewerblichen Wirtschaft gibt es keine offenen Stellen mehr zu besetzen.
d) Der Aufschwung wird gebremst.

4. Gemäß der *Bundesagentur für Arbeit*

a) soll sich der Fachkräftemangel noch verstärken.
b) verzichten immer mehr Betriebe darauf, neue Arbeitsplätze zu schaffen.
c) stellt der Fachkräftemangel für die Betriebe kein wesentliches Problem dar.
d) verschärft sich der Mangel an Arbeitsplätzen.

Text 13

Messewirtschaft im Überblick

Die Konkurrenz unter den Messegesellschaften ist im Inland groß. Das werden auch die wenigen neu einzustellenden Messemanager zu spüren bekommen. Flexibel, belastbar und teamfähig sollen sie sein – sich in flachen Hierarchien zurechtfinden und als Projektmanager durchsetzen. Wer sein Geld im Messewesen verdienen will, muss die Dienstleistungen absolut in den Vordergrund stellen – teilen die Personalabteilungen mit. Allerdings warnen Insider davor, sich auf Messen und Messeveranstalter als zukünftige Arbeitgeber zu versteifen. Der Bedarf sei – wenn überhaupt – äußerst gering, heißt es in allen Messen. Oftmals seien Neueinstellungen an einer Hand abzuzählen. Und selbst das wecke viel zu viel Interesse. Ein Personalchef bat inständig: „Schreiben Sie bloß nichts, sonst habe ich hinterher wieder jede Menge Bewerbungen auf dem Tisch und weiß nicht, wohin damit!“ Als Messe-Trainees kommen in erster Linie Betriebswirtschaftler in Frage. Aber auch Geisteswissenschaftler bekommen eine Chance.

1. In diesem Artikel geht es um die

a) Entwicklung neuer Projekte.
b) Finanzierung des Messewesens.
c) Neueinstellung von Managern.
d) Veranstaltung von Messen im Ausland.

2. Die Bewerber sollten

a) keine Soziallasten zu tragen haben.
b) vor ihren Chefs Respekt haben.
c) zum Abbau hierarchischer Strukturen beitragen.
d) Durchsetzungsvermögen an den Tag legen.

3. Wer sein Geld im Messewesen verdienen will,

a) darf sich nicht als Dienstleister verstehen.
b) soll sich als künftiger Arbeitgeber präsentieren.
c) soll vor Insiderdelikten gewarnt werden.
d) muss mit einer starken Konkurrenz rechnen.

4. Ein Personalchef bat den Journalisten,

a) für den Messemanager-Beruf Werbung zu machen.
b) über die rosige Zukunft des Messewesens zu berichten.
c) die Bewerbungen von Interessenten ja nicht zu fördern.
d) Betriebswirtschaftler abzulehnen.

Text 14

Jugendarbeitslosigkeit: sozialer Sprengstoff

Der Nutzen des dualen Ausbildungssystems wird von kaum jemandem bestritten. Geklagt wird allerdings über zu hohe Vergütungen und theorielastige Ausbildungsgänge, über zu lange Berufsschulzeiten und eine schlechte Allgemeinbildung der Jugendlichen. Auch seien viele Bewerber nicht mobil und flexibel genug, häufig auf wenige Wunschberufe fixiert, und sie ließen Sozialkompetenzen wie Fleiß und Pünktlichkeit vermissen.
Einige Teile dieser Kritik sind nicht ganz von der Hand zu weisen. Während die meisten Jungen versuchen, eine Lehrstelle als Kraftfahrzeugmechatroniker, Industriemechaniker, Einzelhandelskaufmann oder Koch zu ergattern, wetteifern die Mädchen um eine Ausbildung als Büro- oder Einzelhandelskauffrau, Arzthelferin oder Friseurin. Aufgrund des großen Andrangs gehen jedes Jahr aber viele Bewerber leer aus. Dagegen werden etwa Stukkateure, Versicherungskaufleute oder Fleischer händeringend gesucht.
Die meisten Fachleute sind sich einig: Deutschland kann es sich nicht leisten, die Jugendarbeitslosigkeit nicht in den Griff zu bekommen. „Wir sind darauf angewiesen, unsere Jugendlichen gut zu qualifizieren“, sagt *DIW*-Mitarbeiter Brenke. Schlecht qualifizierte Jugendliche fühlten sich benachteiligt und zurückgesetzt. „Das ist sozialer Sprengstoff.“

nach: Frankfurter Allgemeine Zeitung

1. Dem Journalisten nach wird das duale Ausbildungssystem ______________ kritisiert.

a) von niemandem
b) von kaum jemandem
c) von vielen
d) von allen

2. Was aber oft kritisiert wird, ist

a) die zu kurze Berufsschulzeit.
b) die ungenügende Ausbildungsvergütung.
c) der Mangel an Mobilität.
d) der Mangel an theoretischen Kenntnissen.

3. Der Journalist meint auch:

a) In puncto Fleiß sei den Jugendlichen nichts vorzuwerfen.
b) Die Jugendlichen seien sehr flexibel.
c) Die Berufsaussichten der Jugendlichen seien total verbaut.
d) Einige Berufe würden von den Jugendlichen ganz und gar abgelehnt.

4. Den Fachleuten nach muss Deutschland seine Jugendlichen gut qualifizieren, denn

a) Jugendliche ohne Arbeit würden Bomben basteln.
b) die Jugendarbeitslosigkeit ist wie eine Zeitbombe.
c) arbeitslose Jugendliche sind leichter in den Griff zu bekommen.
d) die Erwachsenen würden sich dadurch zurückgesetzt fühlen.

Text 15

Standort Deutschland besser als sein Ruf

Die einen behaupten, ein Land mit einem Handelsbilanzüberschuss von über 50 Milliarden Euro könne kaum wettbewerbsfähiger werden, und verweigern mit diesem Argument notwendige Reformen. Andere malen den Standort schwarz. Beides ist falsch, Miesmacherei genauso wie Schönfärberei. Eine Analyse von Hans-Peter Stihl, Präsident des Deutschen Industrie- und Handelstages.

Tatsache ist, dass
- der Standort Deutschland Stärken, aber auch Schwächen hat;
- ausländische Unternehmen viel zu oft einen weiten Bogen um uns machen, wenn sie Investitionen planen;
- wir mehr ausländische Investitionen benötigen, um Arbeitsplätze zu schaffen;
- der Standort Deutschland besser als sein Ruf ist und dass wir mehr tun müssen, um sein Ansehen im Ausland wieder zu verbessern. Investoren scheuen Deutschland nicht nur wegen objektiv schlechter Bedingungen wie Steuerlast und Regulierungen.

Ist der Ruf eines Landes erst einmal verdorben, dann kostet es gewaltige Anstrengungen, ihn wieder ins Lot zu bringen. Sie kennen vielleicht den Spruch: „Wer den Ruf eines Frühaufstehers hat, kann getrost den ganzen Morgen im Bett bleiben.“ Umgekehrt kann man aber auch sagen: „Wer den Ruf eines Langschläfers hat, der muss zwei Dinge tun. Erstens: Er muss früher aufstehen. Und zweitens: Er muss dafür sorgen, dass bekannt wird, dass er früher aufsteht.“ Auf den Standort Deutschland gemünzt heißt das: Wir müssen an den nach wie vor bestehenden Standortproblemen weiter arbeiten – und das Wichtigste bleibt die Steuerreform. Wir müssen aber auch ein differenzierteres, realitätsgerechtes Bild von Deutschland malen. Deutschlands schlechtes Standortimage läuft ansonsten Gefahr, sich zu verselbstständigen – und zwar unabhängig vom objektiven Befund. Neben der Arbeit an den objektiven Faktoren müssen wir auch die über unser Land herrschenden Vorurteile und Klischees ausräumen.

contact

1. Was meint der Präsident des Deutschen Industrie- und Handelstages?

a) Deutschland braucht ausländische Investoren.
b) Die wirtschaftlichen Strukturen müssen reformiert werden.
c) Der Standort Deutschland bietet für Investoren nur Vorteile.
d) Deutschland kann nichts tun, um seinen Ruf zu verbessern.

2. Er stellt fest, dass

a) Deutschland wie ein Magnet auf ausländische Unternehmen wirkt.
b) die Schaffung neuer Arbeitsplätze ohne ausländische Investitionen unmöglich ist.
c) das Prestige Deutschlands im Ausland nicht gefördert zu werden braucht.
d) die Steuerlast allein die Investoren abschreckt.

3. Mit dem Beispiel des „Langschläfers“ wird gemeint, dass

a) es zu viele Langschläfer in Deutschland gibt.
b) Deutschland seine Chance als günstiger Standort verpasst hat.
c) der Standort Deutschland immer noch sein Image verbessern muss.
d) die Steuerreform aufgeschoben werden kann.

4. Was wird behauptet?

a) Der Standort Deutschland leidet nach wie vor unter Vorurteilen.
b) Klischees über Deutschland sind längst verschwunden.
c) Die Debatte über das Standort-Image ist riskant.
d) Ein differenziertes Bild Deutschlands wirkt sich negativ aus.

5. Als Standort hat Deutschland

a) nur Stärken.
b) nur Schwächen.
c) mehr Stärken als Schwächen.
d) sowohl Stärken als auch Schwächen.

Text 16

Kundschaft bleibt *Transfair*-Produkten treu

Die Umsätze von Waren, die mit dem Siegel für fairen Handel ausgezeichnet sind, blieben im vergangenen Jahr mit 51 Millionen Euro stabil. Das teilt die Kölner Initiative *Transfair* in ihrem Jahresbericht mit. Sprecherin Bettina von Reden wertet dies vor dem Hintergrund der allgemeinen Konsumflaute als „einen Erfolg".

Die Zahl der Käufer, die Produkte des fairen Handels nachfragten, liege bei drei Millionen und sei stabil. Die lassen sich offensichtlich von den heftigen Preiskämpfen im Einzelhandel, bei dem Supermärkte und Discounter mit Rabattschlachten um die Kundschaft buhlen, nicht beeindrucken, sondern greifen regelmäßig zu Produkten mit dem Siegel, auch wenn sie etwas teurer sind als andere Angebote. Es sind vor allem zahlungskräftige Kunden, die sich von der Idee des fairen Handels beeindrucken lassen. Einer Untersuchung der *„Fair-Trade-Branche"* zufolge nimmt mit steigendem Einkommen und höherer Schulbildung die Bereitschaft zu, etwas mehr für den guten Zweck auszugeben. Die von 38 Entwicklungs- und Verbraucherorganisationen getragene Initiative *Transfair* handelt nicht selbst, sondern vergibt das Siegel für Produkte, die den Kriterien des fairen Handels entsprechen. Das heißt vor allem: Die Produzenten – in erster Linie Bauern – in den Staaten des Südens erhalten mehr Geld für ihre Produkte, als sie auf dem Weltmarkt bekommen könnten. Außerdem werden ihnen lange Lieferbeziehungen ohne Zwischenhandel garantiert.

Durch die langfristig kalkulierbaren Mehreinnahmen sollen sie in die Lage versetzt werden, in ihre Farmen zu investieren und soziale Einrichtungen wie Schulen und Krankenstationen in ihren Dorfgemeinschaften aufzubauen.

Deutlich steigern konnte die Kölner Initiative die verkaufte Menge von zertifizierten Bananen (plus 12 Prozent) und Orangensäften (plus 8 Prozent). Dagegen ging der Absatz von Kaffee, dem wichtigsten *Transfair*-Produkt, um 3 Prozent zurück.

nach: Frankfurter Rundschau

1. Gemäß dem Bericht der Kölner Initiative *Transfair* sind die Umsätze des fairen Handels

a) wenig gestiegen.
b) gleich geblieben.
c) gesunken.
d) stark angestiegen.

2. Die Ergebnisse sind umso erstaunlicher, als

a) der faire Handel die wirtschaftliche Tätigkeit auf Hochtouren gebracht hatte.
b) die Konsumenten generell ziemlich zurückhaltend waren.
c) viele Verbraucher von fairem Handel nie gehört hatten.
d) die Verbraucher mit dem fairen Handel nicht vertraut sind.

3. Dem Artikel nach

a) will niemand von den Rabattschlachten der Discounter profitieren.
b) misstrauen noch viele potenzielle Kunden den *Transfair*-Produkten.
c) finden immer mehr Käufer die *Transfair*-Produkte zu teuer.
d) ist die Zahl der *Transfair*-Kunden stabil.

4. Was die Kundschaft der *Transfair*-Produkte charakterisiert:

a) Vielen Kunden fehlen die notwendigen Geldmittel.
b) Je höher die Schulbildung, umso bereiter ist man, *Transfair*-Produkte zu kaufen.
c) Je mehr Geld man hat, umso mehr vergisst man den „guten Zweck".
d) Steigendes Einkommen verpflichtet zum Kauf von *Transfair*-Produkten.

5. Welches Kriterium entspricht dem des fairen Handels?

a) *Transfair*-Bauern haben unter den Zwischenhändlern zu leiden.
b) *Transfair*-Bauern verkaufen ihre Produkte direkt auf dem Weltmarkt.
c) *Transfair*-Bauern sind hauptsächlich in den Staaten des Nordens zu finden.
d) *Transfair*-Bauern werden von der Ausbeutung der Zwischenhändler verschont.

6. Die erzielten Mehreinnahmen erlauben den Bauern,

a) soziale Investitionsprogramme langfristig zu planen.
b) neue Farmen zu bauen, die sie dann später mit Gewinn verkaufen.
c) auf Sozialeinrichtungen zu verzichten.
d) in Krankenstationen für reiche Ausländer zu investieren.

7. Dank der Kölner Initiative

a) konnte mehr Kaffee als vorher verkauft werden.
b) stieg der Absatz von zertifizierten Bananen um 8 Prozent.
c) konnte eine größere Menge von Orangensaft verkauft werden.
d) wurden mehr Bananen als Kaffee verkauft.

Text 17

Online-Anbieter am Pranger
Verbraucherverbände kritisieren mangelnden Daten- und Verbraucherschutz

Bonn/Düsseldorf – Die meisten Online-Anbieter in Deutschland vernachlässigen Datenschutz und Verbraucherrechte. Diesen Vorwurf erhoben der Bundesdatenschutzbeauftragte Joachim Jacob und die Arbeitsgemeinschaft der Verbraucherverbände (AgV) am Dienstag gemeinsam in Bonn.
So seien auf Internet-Seiten häufig gar keine oder nur unvollständige Anbieteradressen angegeben, was es erschwere, beispielsweise Garantierechte in Anspruch zu nehmen. Auch würden vielfach Kundendaten unautorisiert gespeichert, sicherheitsrelevante Daten nicht verschlüsselt, Preise nur unvollständig angegeben und Geschäftsbedingungen vorenthalten.

Die Verbraucherverbände ließen mehrere tausend Internet-Seiten auswerten und auf dieser Basis zwei Gutachten zum Umgang der Online-Anbieter mit Kundenrechten und Datenschutz erstellen. Dabei wurden laut AgV „gravierende Defizite“ bei der Anbieterkennzeichnung und der Wahrung der Persönlichkeitsrechte des Kunden zutage gefördert. Wer im Internet etwas bestellen wolle, werde oftmals im Voraus zur Kasse gebeten, ohne dass immer klar erkennbar sei, wer hinter diesem Angebot stehe. Im Garantiefall oder bei Rückgabewunsch stehe der Kunde dann im Regen. „Die wenigsten Anbieter gestalten die Kennzeichnung gesetzeskonform“, kritisierte AgV-Geschäftsführerin Anne-Lore Köhne.

Außerdem werden nach Erkenntnissen von Daten- und Verbraucherschützern oft viel mehr Kundendaten abgefragt, als für den eigentlichen Geschäftsvorgang benötigt würden. Die Mehrzahl der Anbieter setze zudem Techniken wie die sogenannten Cookies ein; mit deren Hilfe würden zusätzliche Informationen über Gewohnheiten und Vorlieben der Nutzer erhoben, ohne dass diese etwas davon mitbekommen. Es sei sogar möglich, dass Nutzerdaten von Dritten abgefragt werden, ohne dass der Verbraucher überhaupt merkt, dass ein Online-Kontakt zu diesen Firmen besteht. Deshalb riet die AgV den Verbrauchern, Internet-Seiten mit dubios gestalteten Angeboten, unverschlüsselter Abfrage der Kreditkartennummer und mangelhafter Adressenangabe zu meiden.

1. Datenschutzbeauftragter Joachim Jacob wirft den Online-Anbietern Folgendes vor:

a) Kundenadressen werden über Internet jedem mitgeteilt.
b) Verbraucherrechte werden von allen Anbietern vernachlässigt.
c) Die Adressen der Online-Anbieter sind fast nie komplett.
d) Es gibt keine Garantie für den elektronischen Handel.

2. Was wird ihnen noch vorgeworfen?

a) Die Kundendaten sind nie verschlüsselt.
b) Die Preise sind zu hoch.
c) Fast keine Daten werden gespeichert.
d) Die Geschäftsbedingungen sind oft nicht klar angegeben.

3. Was stellten die Verbraucherverbände fest?

a) Es herrscht Unklarheit, was die Anbieter betrifft.
b) Man achtet auf die Rechte der Verbraucher.
c) Jeder Kunde hat mindestens eine gute Online-Erfahrung gemacht.
d) Es wurden keine gravierenden Defizite gefunden.

4. Was stellten die Gutachter noch fest?

a) Das Angebot im Internet ist nie genau definiert.
b) Kunden mit Garantieproblemen wird nicht geholfen.
c) Die meisten Anbieter halten das Kennzeichnungsgesetz ein.
d) Die Kunden werden über die Angebote genau informiert.

5. Dem Artikel nach

a) werden die Nutzerdaten vor Dritten nicht geschützt.
b) haben die Firmen keinen Zugang zu den Nutzerdaten.
c) werden nie Informationen über die Nutzer gesammelt.
d) bekommt man bei Firmenkontakten frisch gebackene Cookies.

6. Deshalb rät die AgV,

a) dubiosen Verbrauchern aus dem Weg zu gehen.
b) den Online-Anbietern keine komplette Adresse anzugeben.
c) Web-Seiten selbst zu gestalten.
d) nur über Internet-Seiten mit verschlüsselter Abfrage von Kreditkartennummern zu bestellen.

Text 18

Warum Handys in Banken „sehr unerwünscht" sind

Dauertelefonierer müssen sich in Zürich andere Orte aussuchen als die Schalterhallen der Banken. Dort sind Telefongespräche mit Handys nämlich entweder verboten oder unerwünscht. Damit wollen die Banken verhindern, dass Räuber an ihre Komplizen Informationen über Transaktionen der Bankkunden weitergeben.
In den Schalterhallen der *Zürcher Kantonalbank (ZKB)* sind deshalb beim Eingang Verbots-Kleber für Handys angebracht. *ZKB*-Sprecherin Rahel Hartmann bestätigt, dass der Sicherheitsdienst der Bank Kenntnis davon bekommen habe, wie sich Räuber in den Schalterhallen aufhielten und die Abwicklung von Bankgeschäften beobachteten. Wenn ein Kunde eine größere Geldmenge bezog, habe der Räuber einen vor der Bank wartenden Komplizen über das Handy informiert. Darauf sei dieser dem Kunden gefolgt und habe ihn überfallen. Die *ZKB* sieht das Handy-Verbot als präventive Maßnahme zum Schutz der Kunden. Wenn sich jemand nicht an das Verbot hält, wird er oder sie darauf aufmerksam gemacht. Probleme habe es deswegen keine gegeben, sagt die *ZKB*-Sprecherin: „Die Kunden akzeptieren das Verbot."
Auch bei den Großbanken *UBS* und *Crédit Suisse* darf nicht mit Handys in den Schalterräumen telefoniert werden. Ein grundsätzliches Verbot gibt es aber nicht und auch keine Verbots-Kleber. Bei der *UBS* werden die Kunden von Hostessen und Portiers höflich aufgefordert, das Telefongespräch außerhalb der Bank zu beenden. *UBS*-Sprecher Rudolf Bürgin weist jedoch darauf hin, dass sich das Problem vor allem in den großen Filialen, etwa an der Bahnhofstraße, stelle. Dort gehen viele Leute ein und aus, und die Angestellten kennen die Kunden nicht persönlich.
Für die *Crédit Suisse (CS)* ist die Prävention von Raubüberfällen nicht der einzige Grund, warum Handys „sehr unerwünscht" sind, erklärt *CS*-Sprecher Georg Söntgerath. Es stört auch viele Kunden, wenn jemand in ihrer Nähe laut telefoniert.

1. In den Banken von Zürich sind Telefongespräche mit Handys verboten, weil

a) sie die Schalterangestellten bei der Arbeit stören.
b) Komplizen über Bankgeschäfte informiert werden können.
c) weniger Bankgeschäfte getätigt werden.
d) die Schweizer technologiefeindlich eingestellt sind.

2. Die *ZKB*-Sprecherin bestätigt, dass

a) die Bankkunden gegen Verbots-Kleber in den Schalterhallen sind.
b) Bankspione keine leere Drohung sind.
c) der Sicherheitsdienst der Bank überfordert ist.
d) die Kunden keine großen Geldbeträge mehr abheben wollen.

3. Weiter erfährt man:

a) Kunden, die das Verbot nicht beachten, erhalten sofort eine Geldstrafe.
b) Als präventive Maßnahme ist das Handyverbot ungeeignet.
c) Wegen Problemen mit den Kunden wurde das Handyverbot aufgehoben.
d) Die Kunden zeigen großes Verständnis für das Verbot.

4. Für die *Crédit Suisse* sind Handys auch unerwünscht, weil viele Kunden

a) durch die Gespräche gestört werden.
b) in der Nähe der Hostessen nicht telefonieren möchten.
c) glauben, in einer Bahnhofshalle zu sein.
d) meinen, dass Handys zu Raubüberfällen führen.

Text 19

Servicejobs der Zukunft

Die Bundesrepublik hat noch Nachholbedarf bei den Servicejobs – nicht nur gemessen an amerikanischen Verhältnissen, sondern auch im Vergleich zu wichtigen europäischen Ländern. Ein Blick auf den Dienstleistungschampion Dänemark zeigt, wo die Deutschen ansetzen könnten, um gegen die Arbeitslosigkeit vorzugehen.

Dänemark ist ein wahres Dienstleistungsparadies. Je 1000 Einwohner stehen dort 356 Servicejobs zur Verfügung – etwa genauso viele wie in den USA und deutlich mehr als im Vereinigten Königreich und den Niederlanden, die immerhin gut 320 Dienstleistungsstellen je 1000 Einwohner anzubieten haben.

Deutschland dagegen liegt mit 273 Dienstleistern pro 1000 Einwohner zwar über dem europäischen Durchschnitt, aber im Vergleich zu Dänemark fehlen hierzulande pro 1000 Einwohner mehr als 80 Jobs in den Servicebranchen. Hochgerechnet auf die Bevölkerung von rund 82 Millionen ergibt das eine Dienstleistungslücke von rund 6,5 Millionen Stellen.

Vor allem wenig qualifizierte Arbeitskräfte haben es hierzulande schwerer als in Dänemark. Pro 1000 Einwohner finden in Deutschland nur 39 Hilfskräfte einen Job, in Dänemark sind es immerhin 63. Im direkten Vergleich fehlen in Deutschland allein 1,3 Millionen Dienstleistungsjobs für wenig qualifizierte Arbeitskräfte. Das ist Grund genug, Arbeitsverträge und Löhne gerade bei Hilfskräften flexibler zu gestalten.

Eine üble Gewohnheit sollte die Bundesrepublik allerdings nicht von Dänemark übernehmen: Die Expansion des Dienstleistungssektors geht bei unserem Nachbarn im Norden zu weiten Teilen zu Lasten der Steuerzahler. Denn in Dänemark werden 45 Prozent der Servicejobs von staatlichen Stellen angeboten, 20% mehr als in Deutschland und doppelt so viel wie in Amerika, wo Dienstleistungen überwiegend Privatsache sind.

contact

1. Dem Artikel nach

a) gibt es in Deutschland kein Dienstleistungsproblem.
b) verfügt Amerika über mehr Servicejobs als Deutschland.
c) hat Dänemark den größten Nachholbedarf bei Dienstleistungsberufen.
d) ist Dänemark kein Modell, um die Arbeitslosigkeit zu bekämpfen.

2. Was die Anzahl der Servicejobs angeht,

a) wird Dänemark als ein wahres Paradies betrachtet.
b) sind die Bedingungen in Amerika noch besser.
c) ist das Vereinigte Königreich der Dienstleistungschampion.
d) beläuft sich das deutsche Defizit an Arbeitsplätzen auf 6,5%.

3. Der Journalist betont, dass

a) es Hilfskräfte in Dänemark schwer haben.
b) deutsche Hilfskräfte dreimal weniger Jobs als dänische finden.
c) die Arbeitsverträge für deutsche Hilfskräfte wenig flexibel sind.
d) Deutschland im Vergleich zu Dänemark bei Dienstleistungsberufen besser abschneidet.

4. Das dänische System wird kritisiert, weil

a) Dienstleistungen immer Privatsache bleiben müssen.
b) Dienstleistungsjobs überwiegend vom Staat subventioniert werden.
c) der Staat keine Servicejobs mehr schafft.
d) die Dienstleistungsbranche 20% des Steuervolumens für sich verlangt.

Text 20

Korruption: Die Ehrlichen sind die Dummen

Egal ob Herzklappen-Skandal, Zebrastreifen-Kartell oder Klüngelwirtschaft – auch in Deutschland gibt es in Staat und Wirtschaft längst nicht nur Saubermänner. Über das Ausmaß der Schäden, die durch Schmiergelder und Vetternwirtschaft entstehen, lässt sich nur spekulieren. Doch unbestritten ist eines: Korruption ist weder mit Marktwirtschaft noch mit Demokratie vereinbar. Aber vielleicht wird ja alles besser, ehrlicher und transparenter: Zehn Industriestaaten haben sich nun verpflichtet, Unternehmen auf die Finger zu schauen, die Geld unter dem Tisch bezahlen. Mit Androhung von Freiheitsstrafen und Geldbußen in Millionenhöhe.

Korruption ist ein weltweites Phänomen – so die Organisation *Transparency International*, die jedes Jahr Unternehmer, Manager, Beamte und Politiker um ihre Einschätzung unerlaubter Geschäftspraktiken rund um den Globus bittet. Auf ihrer Länderliste werden derzeit 54 Staaten geführt. Demnach ist Korruption auch in Europa weit verbreitet.

Vor allem Italien, Spanien und Griechenland gelten als Länder mit hoher Korruptionsdichte. Aber auch Deutschland zählt nach Meinung der Experten keineswegs zu den Nationen mit weißer Weste. Auf dem Korruptions-Index rangiert es an 42. Stelle – zwar hinter den USA und Japan, aber vor den skandinavischen Ländern. Demnach ist in knapp einem Viertel der erfassten Länder Bestechlichkeit weniger stark ausgeprägt als in Deutschland. Als Spitze des Korruptions-Eisbergs in Deutschland lassen sich 2875 Fälle ausmachen, die das Bundeskriminalamt in einem Jahr aufdeckte. Schätzungen des Bundes deutscher Kriminalbeamter gehen jedoch von einem jährlichen Schaden für die deutsche Volkswirtschaft von etwa 10 Milliarden Euro aus.

Diese Zahl erfasst allerdings nur die materiell zu beziffernden Schäden und nicht die Vertrauensverluste in die politische Ordnung, in Staat, Verwaltung und Wirtschaft. Denn bei aller Verwerflichkeit im Allgemeinen handelt es sich in vielen Einzelfällen um eine ethische Gratwanderung.

So handelt ein Unternehmer im Ruhrgebiet, der beispielsweise einen afrikanischen Auftrag für seinen Betrieb nur dadurch bekommen kann, dass er die Verantwortlichen vor Ort schmiert, zwar moralisch verwerflich. Auf einem anderen Blatt steht aber, dass er mit diesem Auftrag gleichzeitig 80 neue Arbeitsplätze am heimischen Standort schafft.

contact

1. Was erfährt man in diesem Artikel?

a) Deutschland bleibt von der Korruption verschont.
b) In Deutschland gibt es keine Bestechungen.
c) Man kennt das Ausmaß der Schäden genau.
d) Auch deutsche Unternehmer arbeiten mit illegalen Mitteln.

2. Was wird behauptet?

a) Langfinger sind unter dem Tisch am Werk.
b) Die Industrienationen wollen gegen die Korruption kämpfen.
c) Die Industriestaaten sind gegen Geld- und Freiheitsstrafen.
d) Die Korruption ist eine banale Sache.

3. Der Organisation *Transparency International* nach

a) sei die Korruption nur auf 54 Staaten beschränkt.
b) werde Europa von der Korruption nicht verschont.
c) seien Politiker korrupter als Manager und Beamte.
d) könne von unerlaubten Geschäftspraktiken bei Unternehmen nicht die Rede sein.

4. Der Journalist behauptet weiter, dass

a) die skandinavischen Länder den Weltrekord der Korruption halten.
b) die Deutschen viel korrupter als die Japaner sind.
c) die Südeuropäer sehr oft in Skandale verwickelt sind.
d) Deutschland zu den unbestechlichen Nationen gehört.

5. Was stellte das Bundeskriminalamt fest?

a) Ein deutscher Kriminalbeamter steht an der Spitze des Korruptions-Eisbergs.
b) Die Bevölkerung hat kein Vertrauen mehr in ihre Politiker.
c) Es gibt jährlich 2875 Fälle mehr als im Jahr davor.
d) Die Schätzungen erfassen nicht nur materielle, sondern auch psychische Schäden.

6. Um einen afrikanischen Auftrag für seinen Betrieb zu bekommen, musste ein deutsches Unternehmen

a) mit den Führungskräften im Ruhrgebiet verhandeln.
b) Angestellten im Ruhrgebiet hohe Geldsummen zahlen.
c) wenigstens 80 Arbeitsplätze im Ruhrgebiet schaffen.
d) den afrikanischen Verantwortlichen Schmiergelder zahlen.

4 Hörverstehen

In diesem Teil des Tests hören Sie
– einfache Aussagen,
– Dialoge,
– Hörtexte,
– Interviews.

Beispiel:

Sie hören:

Aussage: **Frau Kurz, buchen Sie bitte einen Flug nach München, und zwar für den 3. August.**

Frage: **Was soll Frau Kurz machen?**

Nachdem Sie die Frage gehört haben, lesen Sie:

Antwort:
a) Sie soll nach München fliegen.
b) Sie soll am 3. August einen Flug buchen.
c) Sie soll für den 3. August einen Flug nach München buchen.

Die richtige Antwort ist ⇨ **c.**

c) Sie soll für den 3. August einen Flug nach München buchen.

Sie markieren also c.

A Einfache Aussagen

Sie hören die Aussage und die Frage nur 1x. Nach dem Hören lesen Sie die Antworten. Dann markieren Sie die richtige Antwort. Eine Antwort ist richtig.

1. a) Das neue Unternehmen hat mehrere Arbeitnehmer entlassen.
b) Die Arbeitslosen haben sich zusammengeschlossen.
c) Die Arbeitnehmer beobachten die Fusionen mit Beunruhigung.

2. a) Im Juli ist er nicht mehr erreichbar.
b) Er erwartet den Anruf nach dem 20. Juni.
c) Er bittet um Rückruf Anfang Juni.

3. a) Wo wollen Sie das Geld für diese Ausgaben herbekommen?
b) Es lohnt sich nicht, noch mehr Geld in das Geschäft zu stecken.
c) Wie wollen Sie das Geld zurückzahlen?

4. a) frische Wäsche
b) ein Erfrischungsgetränk
c) ein frisches Handtuch

5. a) Man hat ihn aus der EDV-Abteilung entlassen.
b) Er wird künftig in der EDV-Abteilung arbeiten.
c) Die EDV-Abteilung wird aufgelöst werden.

6. a) Sie sind falsch verbunden.
b) Der Apparat ist nicht ans Telefonnetz angeschlossen.
c) Bitte gedulden Sie sich einen Augenblick.

7. a) Der Sprecher möchte die E-Mail-Adresse seines Gesprächspartners haben.
b) Der Sprecher hat sein elektronisches Adressenverzeichnis nicht dabei.
c) Der Sprecher hat eine E-Mail-Adresse.

8. a) Sie sollte in dieser Zeitung eine Anzeige aufgeben.
b) Sie sollte diese Zeitung abonnieren.
c) Sie sollte diese Zeitung schnellstens kaufen.

9. a) Er braucht unbedingt Geld.
b) Er verborgt gern Geld.
c) Bei Geld hört die Freundschaft auf.

10. a) mit dem Leiter der Rechtsabteilung
b) mit dem Verantwortlichen des Personals
c) mit dem Geschäftsführer
d) mit dem Leiter der Buchhaltung

11. a) Der Service ist außergewöhnlich.
b) Man sucht nach neuen Kunden.
c) Der Kundendienst lässt zu wünschen übrig.
d) Die Kunden sind nicht zufrieden.

12. a) Die Firma wird mit der Markteinführung eines Produkts beauftragt.
b) Die bestellte Ware soll umgehend geliefert werden.
c) Die Marktstudie betrifft den Automobilmarkt.
d) Eine Marktstudie soll realisiert werden.

13. a) Er soll Frauen über 40 ansprechen.
b) Er wendet sich an die Zielgruppe der Frauen, die 40 Jahre alt sind.
c) Er entspricht den Vorstellungen der Auftraggeber.
d) Die Frauen, die den Werbeslogan kreiert haben, sind 40 Jahre alt.

14. a) Er soll schnell zur Werbeagentur fahren.
b) Er soll für die Werbeagentur „Schneller" arbeiten.
c) Er soll die Werbeagentur „Schneller" anrufen.
d) Er soll eine Vereinbarung unterschreiben.

15. a) die Produktion
b) die Lohnkosten
c) der Materialverbrauch
d) die Transportkosten

16. a) Er soll die Umsatzzahlen aufschreiben.
b) Er soll in die Filialen fahren.
c) Er soll die Umsatzzahlen der Filialen erfragen.
d) Die Filialen sollen die Umsatzzahlen faxen.

17. a) Sie soll am 14. des Monats nach Frankfurt fahren.
b) Sie soll Herrn Königs Reise nach Frankfurt buchen.
c) Sie soll einen Entwurf für den Vertrag vorbereiten.
d) Sie soll Herrn König die Unterlagen nach Frankfurt bringen.

18. a) Dass die Sitzung abgesagt wurde.
b) Dass die Sitzung auf übermorgen verschoben wurde.
c) Dass die Sitzung am nächsten Tag stattfinden wird.
d) Dass Herr Ling die Sitzung eröffnen soll.

19. a) Das Restaurant ist umgebaut worden.
b) Das Restaurant ist wegen Bauarbeiten geschlossen.
c) Die Bauarbeiten sind abgeschlossen.
d) Trotz des Umbaus ist das Restaurant geöffnet.

20. a) Herr Malinsky feiert seinen 30. Geburtstag.
b) Die Firma feiert ihr 30-jähriges Jubiläum.
c) Herr Malinsky arbeitet seit 30 Jahren in der Firma.
d) Herr Malinsky wird die Leitung der Verkaufsabteilung übernehmen.

B Dialoge

Sie hören jetzt kurze Dialoge und je eine Frage. Den Dialog und die Frage hören Sie nur 1x. Nach dem Hören lesen Sie die Antworten. Dann markieren Sie die richtige Antwort. <u>Eine</u> Antwort ist richtig.

1. a) Herr Wallner hat ein Mobiltelefon.
b) Herr Wallner reicht ihm sein Handgepäck.
c) Herr Wallner möchte ein Handy kaufen.
d) Herr Wallner kann sein Handy nicht finden.

2. a) Er soll direkt an die Kasse gehen.
b) Er soll seine Geheimnummer eintippen.
c) Er soll den Betrag auf einem Vordruck eintragen.
d) Er soll zuerst seine Kontonummer nennen.

3. a) Sie finden keinen gemeinsamen Termin.
b) Sie verabreden sich für den 1.3. um 10 Uhr.
c) Sie verschieben den Termin um eine Woche.
d) Sie werden sich am Freitag um 6 Uhr abends treffen.

4. a) nach ungefähr 500 Metern
b) an der 1. Ampel
c) an der 2. Ampel
d) vor der Brücke

5. a) Er spricht fließend Französisch.
b) Er kann Verhandlungen ohne Probleme auf Französisch führen.
c) Er spricht nicht Französisch.
d) Er hat ausreichende Französischkenntnisse.

6. a) Er möchte, dass ihm die Firma 2000 Euro bezahlt.
b) Er bittet um einen Vorschuss in Höhe von 2000 Euro.
c) Er wünscht eine Gehaltserhöhung.
d) Er möchte eine kurze Bedenkzeit.

7. a) Der Direktor ist mit seiner Arbeit nicht zufrieden.
b) Die Flaute zwingt das Unternehmen dazu.
c) Herr Keller hat das Pensionsalter erreicht.
d) Es gibt eine saisonbedingte Arbeitslosigkeit.

8. a) Der Kunde will sein Gerät reparieren lassen.
b) Der Kunde und die Geschäftsfrau werden sich handelseinig.
c) Die Konkurrenz verkauft das Gerät zu einem höheren Preis.
d) Die Garantie für das Gerät beträgt drei Jahre.

9. a) Er hat Probleme mit dem neuen Drucker.
b) Der Computer, der vor zwei Tagen geliefert wurde, funktioniert nicht.
c) Er will die Besprechung um zwei Tage verschieben.
d) Er kann Herrn Schuster erst in zwei Tagen wieder kontaktieren.

10. a) Alle Flüge sind für die kommenden 2 Monate ausgebucht.
b) Die Flüge müssen 2 Monate im Voraus gebucht werden.
c) Für vorausgebuchte Flüge werden Sonderbedingungen eingeräumt.
d) Auf Flüge nach Toronto gibt es 20% Rabatt.

11. a) im Sommer
b) im Herbst
c) im Frühling
d) im Winter

12. a) Alle Kunden werden von der Bank mit Internet ausgerüstet.
b) Die Bank verwaltet die Konten nur mit Internet.
c) Über Internet kann der Kunde sein Konto abrufen.
d) Die Kontenführung über Internet ist ab nächstem Jahr möglich.

13. a) Er will den Kunden überreden, seine Bestellung aufrechtzuerhalten.
b) Er will ihm einen Gebrauchtwagen verkaufen.
c) Er will dem Kunden die Testergebnisse erklären.
d) Er verlangt von den Fachleuten eine Erklärung für die schlechten Testergebnisse.

14. a) Es handelt sich um das Verkehrswesen.
b) Es handelt sich um die Tourismusbranche.
c) Es geht um den Lufttransport.
d) Es geht um den Schienen- und Straßenverkehr.

15. a) Es handelt sich um eine Werbedurchsage im Radio.
b) Die Kunden sollen sich mit Waren des täglichen Bedarfs eindecken.
c) Ein Verbrauchermarkt versucht, seine Kunden zum Kauf anzuregen.
d) Es geht um einen Werbespot im Fernsehen.

16. a) Frau Lanner möchte ihr Auto versichern lassen.
b) Frau Lanner möchte mehr über die Altersversicherung wissen.
c) Frau Lanner hat für eine Altersversicherung keinen Bedarf.
d) Frau Lanner möchte Informationen über eine Lebensversicherung.

17. a) Aktien sind eine sichere Anlageform.
b) Aktien bringen keine Spekulationsgewinne.
c) Aktien sind sicherer als Schuldverschreibungen.
d) Aktien bergen Risiken in sich.

18. a) Die Firma Textil KG soll schnellstens 500 Herrenanzüge liefern.
b) Die Firma Textil KG gewährt einen Preisnachlass von 20%.
c) Die Lieferung wird von der Firma Novatex beanstandet.
d) Alle Anzüge weisen Fehler auf.

19. a) 70 000 neue Stellen wurden geschaffen.
b) Die Beschäftigungslage hat sich normalisiert.
c) Die Arbeitsmarktlage hat sich verbessert.
d) Man hofft, dass weitere Entlassungen unnötig werden.

20. a) Sie sind in jedem Fall billiger als Festnetzgespräche.
b) Sie können diese weltweit führen.
c) Die Benutzung eines Handys ist in Hotels verboten.
d) Sie sind qualitativ besser.

Sie hören jetzt längere Dialoge und mehrere Fragen. Sie hören die Dialoge und die Fragen nur 1x. Nach dem Hören jeder Frage lesen Sie die Antworten. Dann markieren Sie die richtige Antwort. Eine Antwort ist richtig.

Dialog 1

Fragen von 21 bis 25

21. a) Er muss Zinsen zahlen.
b) Er muss der Bank sofort den Verlust melden.
c) Er bekommt einen Dispositionskredit.
d) Er muss für den Gesamtschaden aufkommen.

22. a) Die Bank zahlt dem Kunden Zinsen.
b) Das Konto des Kunden wird gesperrt.
c) Der Kunde bekommt einen Dispositionskredit.
d) Der Kunde darf sein Konto nicht überziehen.

23. a) Man muss dafür Zinsen zahlen.
b) Es ist kostenlos.
c) Man muss vorher dafür bezahlen.
d) Es kostet nichts.

24. Das Konto wird gesperrt, wenn
a) das Konto nicht gedeckt ist.
b) das Gehalt nicht überwiesen worden ist.
c) die Bank geschlossen ist.
d) der Kunde seine Kreditkarte oder sein Scheckheft verliert.

25. a) Der Kunde muss zusätzlich eine Versicherung abschließen.
b) Die zusätzliche Versicherung ist sehr teuer.
c) Er ist automatisch versichert.
d) Er braucht eine Zusatzversicherung.

Dialog 2

Fragen von 26 bis 30

26. a) um ein Gespräch zwischen Freunden
b) um eine Umfrage
c) um ein Fernsehinterview
d) um eine Diskussion

27. a) Sie arbeitet in der Werbebranche.
b) Sie schafft Telearbeitsplätze.
c) Sie ist Hausfrau.
d) Sie ist Angestellte bei einer Versicherung.

28. a) Telearbeit wird immer häufiger.
b) Telearbeit schafft neue Arbeitsplätze.
c) Telearbeit ist nichts für Kinder.
d) Durch Telearbeit kann man Beruf und Familienleben verbinden.

29. a) Es handelt sich um eine Volkszählung.
b) Man macht eine Umfrage bei Versicherungsangestellten.
c) Sie gehört zu einer Repräsentativgruppe von Bundesbürgern.
d) Man möchte die Konsumgewohnheiten von Hausfrauen kennen.

30. a) Es ist eine Unternehmensberatungsfirma.
b) Es ist ein Heiratsinstitut.
c) Es ist ein Meinungsforschungsinstitut.
d) Es ist ein Marktforschungsinstitut.

C Hörtexte

Sie hören jetzt zwei Texte und mehrere Fragen. Sie hören die Texte 2x, die Fragen nur 1x. Nach dem Hören lesen Sie die Antworten. Dann markieren Sie die richtige Antwort. Eine Antwort ist richtig.

Hörtext 1

Fragen von 1 bis 5

1. a) über die Vergnügungen auf dem Campus
b) über die etablierten Unternehmensberater
c) über Unternehmensberatung vom Campus
d) über die Zeitarbeitsfirmen

2. a) mehr als 75
b) mehr als 50
c) mehr als 65
d) mehr als 85

3. a) Sie pflanzen Äpfel.
b) Sie stellen verschiedene Produkte her.
c) Sie führen Marktstudien durch.
d) Sie erweitern das Netz der Deutschen Bahn.

4. a) Ihr Ruf lässt zu wünschen übrig.
b) Sie haben einen guten Ruf.
c) Ihr Ruf könnte besser sein.
d) Sie haben einen schlechten Ruf.

5. a) Sie bereiten etablierten Unternehmensberatern große Schwierigkeiten.
b) Sie haben ständig Streit mit etablierten Unternehmensberatern.
c) Sie stellen eine starke Konkurrenz dar.
d) Sie haben zu wenig Erfahrung, um eine ernsthafte Konkurrenz zu sein.

Hörtext 2

Fragen von 6 bis 10

6. a) 3 Millionen
b) 500 000
c) 2 Millionen
d) 50 000

7. a) ungefähr 20 Prozent
b) ungefähr 40 Prozent
c) ungefähr 50 Prozent
d) ungefähr 60 Prozent

8. a) Er profitiert von der Unterstützung durch die Medien.
b) Er sucht Marktlücken und erzeugt dann die entsprechenden Produkte.
c) Zwei Drittel der Erwerbstätigen sind sehr fleißig.
d) Er stellt Luxusgüter her.

9. a) nur im Maschinenbau
b) in allen Dienstleistungsbereichen
c) in allen Industrie- und Dienstleistungsbranchen
d) vor allem in der Papierproduktion

10. a) Viele Leute wissen wenig über diese Unternehmen.
b) Das Fernsehen berichtet oft über kleine Unternehmen.
c) Kleine Unternehmen stehen immer im Scheinwerferlicht.
d) Klein- und Mittelbetriebe stehen im Mittelpunkt der Pressemeldungen.

D Interviews

Sie hören jetzt zwei Interviews und mehrere Fragen. Sie hören die Interviews 2x, die Fragen nur 1x. Nach dem Hören lesen Sie die Antworten. Dann markieren Sie die richtige Antwort. Eine Antwort ist richtig.

Interview 1

Fragen von 1 bis 6

1. a) Wenn sie ihre Mängel beschreiben.
b) Wenn sie über ihren alten Job sprechen.
c) Wenn sie von ihrem Studiengang erzählen.
d) Wenn sie ihre Schwächen darstellen.

2. a) Auf das, was man erträumt hat.
b) Auf das, was man wirklich bekommen hat.
c) Auf das, was man nie bekommen wird.
d) Auf die Boni, die man bekommen oder auch nicht bekommen hat.

3. a) Alle Bewerber schätzen sich richtig ein.
b) 100 Prozent der Bewerber sind unehrlich zu sich selbst.
c) Nur wenige sind sich über sich selbst im Klaren.
d) Die Bewerber schätzen sich immer so ein, wie sie von ehemaligen Vorgesetzten eingeschätzt werden.

4. a) Sie sprechen nicht gern über ihre Sprachkenntnisse.
b) Sie sprechen ungern über ihre Schwächen.
c) Sie wollen nicht über die Schwächen ihres früheren Vorgesetzten sprechen.
d) Sie sprechen ungern über ihre Stärken.

5. a) den Lebenslauf
b) das Gehalt
c) die frühere Arbeitseinstellung
d) die Referenzen

6. a) die Qualifikation allein
b) die Qualifikation und das Auftreten des Kandidaten
c) nur das Auftreten des Bewerbers
d) der Typ des Bewerbers

Interview 2

Fragen von 7 bis 12

7. a) Es gibt zu wenige Schreibkräfte.
b) Es mangelt an hoch qualifiziertem Personal.
c) Es gibt nicht genug Hochschulangebote.
d) Es mangelt an Ingenieuren.

8. a) die Zunahme von Arbeitsplätzen
b) das Verschwinden großer Unternehmen
c) die steigende Zahl von kleinen Unternehmen
d) das Platzen der Internet-Blase

9. a) die Technikfeindlichkeit in Deutschland
b) das mangelnde Interesse an Computern und tragbaren Musikgeräten
c) das steigende Interesse der Studentinnen für IT-Fächer
d) die mangelnde Aus- und Weiterbildung

10. a) Das Hochschulsystem ist zu effizient.
b) Die Studienzeiten sind zu lang.
c) Die weiblichen Studierenden sind zu zahlreich.
d) Die Abbrecherquoten sind zu niedrig.

11. a) Es gibt nicht genug Frauen in der IT-Branche.
b) Nur 10 Prozent der Studenten interessieren sich für die IT-Branche.
c) Die Gesellschaft zeigt kein Interesse für die Verwendung von Informatik.
d) Zu viele Frauen interessieren sich für das Ingenieurwesen.

12. a) Von den Studierenden muss mehr Motivation gefordert werden.
b) Man sollte den Universitätszugang ausländischen Studenten erschweren.
c) Man braucht nicht so viele Weltfirmen in der deutschen IT-Branche.
d) Man sollte das Studium technischer Fächer attraktiver machen.

A Einfache Aussagen

Sie hören die Aussage und die Frage nur 1x. Nach dem Hören lesen Sie die Antworten. Dann markieren Sie die richtige Antwort. <u>Eine</u> Antwort ist richtig.

1. Durch die Fusion sind mehrere Arbeitnehmer arbeitslos geworden.
   Welche Aussage ist richtig?

2. Bitte rufen Sie mich Anfang Juni zurück.
   Wann soll der Gesprächspartner Herrn Meier zurückrufen?

3. Wie wollen Sie diese Investitionen finanzieren?
   Welcher Satz entspricht der Frage?

4. Darf ich Ihnen eine Erfrischung anbieten?
   Was wird angeboten?

5. Er wird in die EDV-Abteilung versetzt.
   Was sagt man über seine Versetzung?

6. Kein Anschluss unter dieser Nummer.
   Was sagt die Telefonvermittlung?

7. Sie haben die E-Mail-Adresse auf meiner Visitenkarte.
   Welcher Satz entspricht der Aussage?

8. Sie sollten in dieser Zeitung inserieren, Frau Beier.
   Was sollte Frau Beier machen?

9. Könntest du mir 200 Euro leihen?
   Welcher Satz entspricht der Frage?

10. Könnten Sie mich bitte mit dem Leiter der Personalabteilung verbinden?
    Mit wem möchte die Frau sprechen?

11. Wir haben einen ausgezeichneten Kundendienst.
    Was sagt man über den Kundendienst?

12. Wir möchten bei Ihnen eine Marktstudie in Auftrag geben.
    Was soll gemacht werden?

13. Der Werbeslogan entspricht nicht unseren Vorstellungen. Er sollte die Zielgruppe „Frauen im Alter von 40 Jahren" ansprechen.
    Was wird über den Werbeslogan gesagt?

14. Herr Hübner, vereinbaren Sie bitte einen Termin mit der Werbeagentur „Schneller".
    Was soll Herr Hübner machen?

15. Der Materialverbrauch ist im Vergleich zur Produktion stark angestiegen.
    Woran liegt das denn, Herr Jung?
    Was hat stark zugenommen?

16. Herr Schlossbauer, rufen Sie bitte unsere Filialen wegen der Umsatzzahlen an.
Was soll Herr Schlossbauer machen?

17. Herr König kommt am 14. dieses Monats nach Frankfurt. Könnten Sie die Unterlagen und einen Vertragsentwurf vorbereiten, Frau Schramm?
Was soll Frau Schramm machen?

18. Frau Schmidt, sagen Sie bitte Herrn Ling, dass die Sitzung morgen stattfinden wird.
Was soll Frau Schmidt Herrn Ling sagen?

19. Wegen Umbaus ist das Restaurant vom 1. Juli bis 31. August geschlossen.
Was wird über das Restaurant gesagt?

20. „... und so möchte ich Herrn Malinsky für seine 30-jährige ausgezeichnete Leitung unserer Verkaufsabteilung danken".
Bei welcher Gelegenheit wird diese Ansprache gehalten?

B Dialoge

Sie hören jetzt kurze Dialoge und je eine Frage. Den Dialog und die Frage hören Sie nur 1x. Nach dem Hören lesen Sie die Antworten. Dann markieren Sie die richtige Antwort. Eine Antwort ist richtig.

1. A: Ich kontaktiere Sie schnellstens, Herr Wallner.
B: Sie können mich auch über mein Handy erreichen.
Was erfährt man aus dem Gespräch?

2. A: Guten Tag, Herr Chang. Was kann ich für Sie tun?
B: Ich möchte gern 500 Euro von meinem Konto abheben.
A: Würden Sie bitte dieses Formular ausfüllen?
Was soll der Kunde machen?

3. A: Wann könnten wir uns treffen?
B: Einen Augenblick, ich schaue einmal in meinem Terminkalender nach. ...
Wie wäre es am Donnerstag, dem 1. 3. um 10 Uhr?
A: Da habe ich schon eine Verabredung.
B: Und wie wäre es Freitag, gegen Abend, um 18 Uhr?
A: Abgemacht.
Für wann wurde der Termin vereinbart?

4. A: Entschuldigen Sie bitte, wie komme ich von hier zum Messegelände?
B: Fahren Sie bis zur zweiten Ampel, dort biegen Sie rechts ein, fahren dann immer geradeaus über die Brücke und nach ungefähr fünfhundert Metern sehen Sie links das Messegelände.
Wo muss der Autofahrer einbiegen?

5. A: Ich habe mir Ihren Lebenslauf angesehen. Dürfte ich Ihnen einige Fragen dazu stellen?
B: Bitte gern.
A: Sie haben letztes Jahr ein Auslandspraktikum in Frankreich gemacht. Sind Sie denn in dieser Sprache verhandlungsfähig?
B: Eigentlich habe ich nur Schulkenntnisse, komme damit aber über die Runden.
Welche Sprachkenntnisse hat der Bewerber?

6. A: Tut mir leid, Herr Hansen, Ihre Gehaltswünsche sind zu hoch für unseren kleinen Betrieb. Für diesen Posten ist ein Gehalt von 2000 Euro vorgesehen.
B: Hm, kann ich mir das noch überlegen?
A: Ja natürlich.
Was möchte Herr Hansen?

7. A: Ich muss Ihnen leider kündigen, Herr Keller.
B: Könnten Sie mir erklären, warum Sie mich entlassen wollen?
A: Die Rezession ist auch an unserem Unternehmen nicht spurlos vorbeigegangen.
B: Und wie soll ich die Zeit bis zu meinem wohlverdienten Ruhestand überbrücken?
Warum wird Herr Keller entlassen?

8. A: Der Preis scheint mir nicht angemessen zu sein.
B: Wenn Ihnen die Ware gefällt, komme ich Ihnen preislich gern entgegen.
A: Sie liegen aber um 20 Euro höher als Ihre Konkurrenz.
B: Da will ich gerne mit mir reden lassen.
A: Wenn Sie mir auch eine Garantieleistung von zwei Jahren gewähren, nehme ich das Gerät gleich mit.
B: In Ordnung, ich lasse es gleich vom Lager kommen.
Welche Aussage ist richtig?

9. A: Computerpro, Guten Tag.
B: Maier von der Firma Chemotec. Ich möchte Herrn Schuster sprechen, bitte.
A: Herr Schuster ist in einer Besprechung. Kann ich etwas ausrichten?
B: Ja. Herr Schuster soll mich dringend zurückrufen, denn wir haben ein Problem mit dem Drucker, den Sie uns vor zwei Tagen geliefert haben.
A: Ich werde Herrn Schuster informieren. Er wird Sie schnellstens kontaktieren.
B: Vielen Dank, auf Wiederhören.
A: Auf Wiederhören.
Welches Problem hat der Kunde?

10. A: Was kostet ein Flug nach Toronto?
B: 620 Euro.
Wenn Sie Ihren Flug jedoch 2 Monate im Voraus buchen, gewähren wir Ihnen einen Preisnachlass von 20 Prozent.
Welche Auskunft erhält die Kundin?

11. A: Wann wollen Sie die Werbekampagne starten?
B: Da es sich um ein kurzlebiges Konsumprodukt handelt, wäre Anfang Oktober der beste Zeitpunkt.
Wann soll die Werbekampagne gestartet werden?

12. A: Guten Tag, ich möchte mit Herrn Winter einen Termin vereinbaren. Es ist dringend.
B: Herr Winter ist erst nächste Woche wieder da.
A: Es geht um dringende Änderungen auf meinem Konto.
B: Sie können Ihre Kontenführung ab sofort über Internet vornehmen.
A. Das ist sehr gut. Vielen Dank. Auf Wiederhören.
Was kann über Internet gemacht werden?

13. A: Nach den katastrophalen Testergebnissen werde ich meine Bestellung stornieren.
B: Aber Herr Müller, ich bitte Sie, die ganze Geschichte ist doch von den Medien aufgebauscht worden.
A: Das sagen Sie als Autohändler; ich als Kunde setze einzig und allein auf unabhängige Fachleute.
Was will der Autohändler?

14. A: Wie hat sich der Fremdenverkehr in den letzten Jahren entwickelt?
B: Über die Zuwachsraten können wir uns wirklich nicht beklagen.
A: Und wo liegt das Problem?
B: Das allen Besuchern zur Verfügung stehende Budget ist um mindestens 23% zurückgegangen.
Um welchen Wirtschaftszweig geht es in diesem Gespräch?

15. Aus unserer Tiefkühltruhe empfehlen wir Ihnen heute: Kubanischen Hummer, das Kilo zu 9 Euro 90. Dazu zur Dekoration aus der Gemüseabteilung: Frischen Feldsalat, 200 Gramm zu nur einem Euro. Um den Abend zu einem Fest der Zweisamkeit werden zu lassen: Champagner der Edelmarke *Perrier-Jouet* im Sonderangebot, die Flasche zu 15 Euro. Greifen Sie zu, solange der Vorrat reicht.
Um welche Durchsage geht es hier?

16. A: Sind Sie auch ausreichend versichert, Frau Lanner?
B: Ich habe meine Wohnung, meinen Wagen und sogar mein Leben versichert.
A: Und wie steht es mit einer zusätzlichen Altersversicherung?
B: Ja, darüber hätte ich gern genauere Informationen.
Wie steht es um die Versicherungen von Frau Lanner?

17. A: Ich möchte 50 000 Euro anlegen. Zu welcher Anlageform würden Sie mir raten?
B: Schuldverschreibungen sind im Augenblick die sicherste Anlage.
A: Kann ich damit auch an der Börse spekulieren?
B: Spekulationsgewinne erzielen Sie eher mit Aktien.
A: Wie steht es mit den Risiken?
B: Wenn Sie kein Risiko eingehen wollen, legen Sie Ihr Geld lieber in Obligationen an.
Welche Aussage ist richtig?

18. A: Textil KG, Guten Tag.
B: Schneider von der Firma Novatex. Ich hätte gern Frau Kampe gesprochen.
A: Ja, das bin ich.
B: Frau Kampe, wir haben gestern Ihre Lieferung der 500 Sommerherrenanzüge erhalten. Beim Auspacken mussten wir leider feststellen, dass ein Großteil der Anzüge Webfehler auf der Innenseite des Ärmels aufweist.
A: Das ist ja merkwürdig.
B: Wir können diese Anzüge natürlich nicht zum vollen Preis absetzen. Wenn Sie uns einen Preisnachlass von 20% gewähren, behalten wir die Anzüge.
A: Bevor ich das entscheiden kann, muss ein Experte die Ware begutachten.
B: Ja, aber das muss schnell passieren, da wir uns notfalls um Ersatzware kümmern müssen.
A: Herr Schneider, ich gebe Ihnen umgehend Bescheid.
B: Auf Wiederhören, Frau Kampe.
A: Auf Wiederhören.
Welche Aussage ist richtig?

19. A: Haben Sie schon gehört, die Baubranche befindet sich auf Talfahrt.
B: Dadurch hat sich wohl auch die Beschäftigungslage zugespitzt?
A: Das Baugewerbe rechnet mit einem Abbau von 70 000 Stellen.
B: Was könnte getan werden, um diese Entwicklung aufzuhalten?
A: Man hofft, dass eine Regelung über flexible Arbeitszeiten und veränderte Tarifvereinbarungen weitere Entlassungen überflüssig machen werden.
Wie ist die Arbeitsmarktlage im Baugewerbe?

20. A: Sind eigentlich Telefongespräche mit Handys immer noch teurer als die mit Festnetzapparaten?
B: Das trifft nicht in jedem Fall zu.
A: Haben Sie dafür konkrete Beispiele?
B: Wenn Sie z. B. auf Reisen ins Ausland auf die Kommunikation durch das Hoteltelefon angewiesen sind, kann Sie das teuer zu stehen kommen.
A: Kann man denn sein Handy auch im Ausland benutzen?
B: Selbstverständlich ist die Kommunikation mit einem Handy heutzutage auch weltweit möglich.
Welchen Vorteil bieten Telefongespräche mit Handys gegenüber denen mit Festnetzapparaten?

Sie hören jetzt längere Dialoge und mehrere Fragen. Sie hören die Dialoge und die Fragen nur 1x. Nach dem Hören jeder Frage lesen Sie die Antworten. Dann markieren Sie die richtige Antwort. Eine Antwort ist richtig.

Dialog 1

A: Herr van Jelden, Ihre Kreditkarte und das Scheckheft sind eingetroffen.
Unterschreiben Sie bitte hier.

B: Was würde passieren, wenn mir die Kreditkarte oder das Scheckheft gestohlen würden?

A: Bei Verlust oder Diebstahl müssen Sie uns so schnell wie möglich benachrichtigen und Ihr Konto sperren lassen.

B: Könnte ich mich nicht gegen solche Unannehmlichkeiten versichern lassen?

A: Bei unserer Bank sind Sie dagegen automatisch versichert. Allerdings erst von dem Augenblick an, wo Sie Ihr Konto haben sperren lassen.

B: Da bin ich ja beruhigt. Wie ist es, wenn ich am Monatsende einmal knapp bei Kasse sein sollte?

A: Guten Kunden gewähren wir in jedem Falle einen sogenannten Dispositionskredit, d.h. Sie können Ihr Konto bis zur doppelten Höhe Ihres Monatsgehalts überziehen.

B: Und das kostet mich nichts?

A: Leider doch. Sie müssen dafür Zinsen zahlen.

Fragen von 21 bis 25

21. Was passiert, wenn der Bankkunde seine Kreditkarte verliert?

22. Wie reagiert die Bank, wenn der Kunde knapp bei Kasse ist?

23. Ist das Überziehen des Kontos gratis?

24. Wann wird das Konto des Kunden gesperrt?

25. Was sagt man über die Versicherung?

Dialog 2

A: Guten Tag, Frau Weber. Mein Name ist Krüger. Ich bin mit einer Umfrage für das Marktforschungsinstitut *MAFO* beauftragt. Dürfte ich Ihnen einige Fragen stellen?

B: Gerne, aber ich bin so überrascht. Warum haben Sie gerade mich ausgewählt?

A: Sie zählen zu einer Repräsentativgruppe von Bundesbürgern, deren Konsumgewohnheiten uns besonders interessieren. Sie können beruhigt sein, alle Fragen werden streng vertraulich und anonym ausgewertet.

B: Wenn Sie mir das zusichern, bin ich gerne bereit, auf Ihre Fragen zu antworten.

A: Nun gut, also zuerst zu Ihrer Person und Ihrer Familie. Darf ich nach Ihrem Alter und Ihrem Beruf fragen?

B: Ich bin 38, glücklich verheiratet, und wir haben zwei Kinder von 3 und 6. Von Beruf bin ich Werbetexterin, arbeite jedoch zu Hause. Durch Telearbeit kann ich meinen Beruf ausüben, mich aber auch um die Kinder kümmern.

A: Und Ihr Mann?

B: Er ist leitender Angestellter bei einer Versicherung.

Fragen von 26 bis 30

26. Um welche Art von Gespräch geht es hier?

27. Welchen Beruf übt Frau Weber aus?

28. Was sagt man über Telearbeit?

29. Warum werden Frau Weber die Fragen gestellt?

30. Was ist die Firma *MAFO*?

C Hörtexte

Sie hören jetzt zwei Texte und mehrere Fragen. Sie hören die Texte 2x, die Fragen nur 1x. Nach dem Hören lesen Sie die Antworten. Dann markieren Sie die richtige Antwort. Eine Antwort ist richtig.

Hörtext 1

Rat vom Campus

Sie stecken noch mitten im Studium, und schon beraten sie erfahrene Manager: Studentische Unternehmensberater liefern gute Arbeit für wenig Geld.

Von diesen Studenten gibt es immer mehr. Über 50 studentische Unternehmensberatungen bieten ihre Dienste bundesweit an. Sie sind meist als gemeinnützige Vereine organisiert, agieren aber wie richtige Unternehmen und werden immer professioneller.

Sie bearbeiten viele Aufträge, z. B. organisierten sie einen Markttest für einen französischen Apfelanbauer, erstellten ein Konzept zur Flächennutzung der Deutschen Bahn oder analysierten den Markt der Zeitarbeitsfirmen.

Aber können Studenten tatsächlich mit Profis konkurrieren?
Die großen Namen auf den Kundenlisten zeigen, dass die Juniorberater einen guten Ruf genießen. Die Erklärung liefern die Studenten selbst. Wer mit den Nachwuchsberatern Kontakt aufnimmt, trifft durchweg auf gut gelaunte und hochmotivierte junge Leute, die sich voller Elan in die Praxis stürzen.

Die Studenten sind jedoch keine ernsthafte Konkurrenz für etablierte Unternehmensberater.
Ihnen fehlt die Erfahrung zur Erstellung strategischer Konzepte und zur Umsetzung der Projektergebnisse.
Durch diese Projekte lernen die Studenten jedoch potenzielle Arbeitgeber kennen.

(Sie hören den Text nun noch einmal.)

Fragen von 1 bis 5

1. Worüber spricht der Text?
2. Wie viele studentische Unternehmensberatungen gibt es in Deutschland?
3. Welche Projekte realisieren sie?
4. Welchen Ruf genießen sie?
5. Wie ist ihr Verhältnis zu etablierten Unternehmensberatern?

Hörtext 2

Erfolg mit Nischen-Produkten

Der Mittelstand ist das Rückgrat der deutschen Wirtschaft: Die rund 3 Millionen Klein- und Mittelbetriebe beschäftigen etwa zwei Drittel aller Erwerbstätigen und schaffen rund die Hälfte des Sozialprodukts. Obwohl sie in der Öffentlichkeit vielfach als graue Mäuse gelten, tun sich einige unternehmerisch besonders hervor.

Ihr Erfolgsgeheimnis: Entdeckung einer Marktlücke, Entwicklung eines First-Class-Produkts und zielstrebige Eroberung des Weltmarktes.
Kleine und mittlere Unternehmen stehen hierzulande nur selten im Scheinwerferlicht der Medien.

Jetzt hat die Wissenschaft das Dunkel um 500 besonders erfolgreiche Mittelständler gelichtet und nach den Gründen für ihren Aufstieg zum Weltmarktführer geforscht.
Dabei ist Bemerkenswertes zutage getreten:

Die Top-Mittelständler sind über alle Industrie- und Dienstleistungsbranchen verstreut.
Mehr als jeder dritte Weltmarktführer kommt aus dem Maschinenbau, dem mittelständischen Herzstück der deutschen Industrie.

Besonders gut vertreten sind sie auch in der Elektroindustrie, Metallbearbeitung und Chemie.
Viele stellen Papier und Druckerzeugnisse her, produzieren Nahrungsmittel oder lenken weltweite Aufmerksamkeit auf die Professionalität ihres Dientsleistungsangebots.

(Sie hören den Text nun noch einmal.)

Fragen von 6 bis 10

6. Wie viele Klein- und Mittelbetriebe gibt es in Deutschland?

7. Wie viel Prozent des Sozialprodukts schafft der Mittelstand?

8. Warum ist der Mittelstand so erfolgreich?

9. In welchen Branchen sind die Weltmarktführer tätig?

10. Wie sieht die Öffentlichkeit den Mittelstand?

D Interviews

Sie hören jetzt zwei Interviews und mehrere Fragen. Sie hören die Interviews 2x, die Fragen nur 1x. Nach dem Hören lesen Sie die Antworten. Dann markieren Sie die richtige Antwort. Eine Antwort ist richtig.

Interview 1

Im Vorstellungsgespräch wird gern übertrieben

In jedem Karriere-Ratgeber kann man nachlesen, wie man seinen Lebenslauf aufpoliert und wie man unangenehmen Fragen ausweicht. Trotzdem ist Sven Hennige, Regionaldirektor bei *Robert Half Finance & Accounting*, überzeugt: Ehrlich währt am längsten. Der Personaldienstleister im Bereich Finanz-, Rechnungs- und Bankwesen hat 1 210 Führungskräfte befragt, wie sie mit unehrlichen Bewerbern umgehen. Sie hören jetzt ein Gespräch zwischen der *Süddeutschen Zeitung* und Herrn Hennige.

SZ: Die Personalmanager in Ihrer Studie klagen, dass viele Bewerber im Vorstellungsgespräch übertreiben. Wobei?

S. Hennige: Die meisten tragen zu dick auf, wenn es darum geht, was sie in ihrem alten Job gemacht haben. Dabei vergessen sie, dass der Titel gar nicht so wichtig ist wie die Beschreibung der Tätigkeit. „Finance Manager" klingt toll, aber es ist ein gewaltiger Unterschied, ob man in einem kleinen Betrieb die Buchhaltung gemacht hat oder in einem Konzern. Auch was Verantwortung und Managementkenntnisse angeht, überschätzen sich Bewerber gerne. Und schließlich bei den Sprachkenntnissen. Wer angibt, in Englisch verhandlungssicher zu sein, sollte im Vorstellungsgespräch locker in die Fremdsprache wechseln können.

SZ: Wie ist es beim Gehalt? Wird das auch aufgebauscht?

S. Hennige: Jeder zehnte Bewerber idealisiert, was das frühere Gehalt angeht. Da werden sämtliche Boni zusammengenommen und alles mitgezählt, was man eventuell sonst noch hätte bekommen können, aber nicht unbedingt bekommen hat.

SZ: Warum übertreiben Bewerber? Ist es die Angst, sich unter Wert zu verkaufen?

S. Hennige: Die wenigsten Bewerber sind 100-prozentig ehrlich zu sich selbst. Oder sie schätzen sich einfach anders ein, als ehemalige Vorgesetzte es tun. Wir nutzen daher als Personaldienstleister stark die Form des Referenzgebens und vermitteln niemanden, der nicht wenigstens zwei oder drei Referenzen mitbringt, die wir natürlich überprüfen.

SZ: Welchen Fragen weichen Bewerber am liebsten aus?

S. Hennige: Fragen nach den Gründen für den Jobwechsel, vor allem wenn es zum Beispiel am Vorgesetzten oder am Team lag. Noch weniger gern sprechen sie über ihre eigenen Schwächen. Dabei sind Schwächen ja menschlich. Nur wenn sie die Wahrheit sagen, wirken sie authentisch und können mit Rückfragen souverän umgehen.

SZ: Worauf achten die Personalmanager besonders?

S. Hennige: Die Qualifikation spielt nur zur Hälfte eine Rolle. Die zweite Hälfte entscheidet etwas ganz anderes: das Auftreten des Bewerbers. Wir achten darauf, dass der Kandidat sympathisch ist und zum Unternehmen passt. Statt die Bewerbung auf Hochglanz zu trimmen, sollten sich Bewerber daher besser mit der Frage auseinandersetzen: Passe ich vom Typ her in dieses Unternehmen?

nach: Süddeutsche Zeitung

(Sie hören das Interview nun noch einmal.)

Fragen von 1 bis 6

1. Wann übertreiben viele Bewerber?
2. Worauf bezieht sich die Idealisierung des früheren Gehalts?
3. Was hat Sven Hennige festgestellt?
4. Auf welche Fragen antworten Bewerber nur ungern?
5. Was überprüfen Personaldienstleister vor einer Vermittlung?
6. Was ist für eine eventuelle Einstellung maßgebend?

Interview 2

Hausgemachte Probleme in der Informationstechnologie

August Wilhelm Scheer, neuer Präsident des IT-Branchen-Verbandes *BITKOM*, über den Fachkräftemangel in der IT-Branche und wie man ihm begegnen kann, in einem Gespräch mit dem *Spiegel*.

Der Spiegel: Ihre Branche beklagt sich über den Fachkräftemangel. Woran liegt es?

A. W. Scheer: Einerseits hat die Konjunktur angezogen und gerade der IT-Branche einen Aufwind beschert, der die Nachfrage nach Fachkräften antreibt. Andererseits haben sich in den vergangenen Jahren fast 30 Prozent weniger Studierende in IT-Fächer eingeschrieben.

Der Spiegel: Rächt sich jetzt, dass Firmen in der Krise entlassen haben?

A. W. Scheer: Das ist sicher mit eine Ursache. Das Platzen der Internet-Blase hat zum Abbau von Arbeitsplätzen geführt. Viele kleine Unternehmen sind vom Markt verschwunden. In der Folge sank die Motivation vieler Mitarbeiter und Studenten, in dieser Branche tätig zu werden.

Der Spiegel: Muss sich die Branche nicht vorwerfen lassen, zu wenig auszubilden?

A. W. Scheer: Das liegt weniger an mangelnder Aus- und Weiterbildung, sondern eher an der generellen Technikfeindlichkeit in Deutschland. Namen wie *Bosch*, *Daimler* oder *Siemens* haben Deutschland zu einem Ingenieurland gemacht. Daran müssen wir in der IT-Branche stärker anknüpfen. Alle nutzen Computer, Handy, tragbare Musikgeräte. Wir brauchen aber wieder mehr Entwicklung und Produktion in Deutschland.

Der Spiegel: Warum gibt es die nicht? Wer hat Schuld?

A. W. Scheer: Einerseits die beschriebenen gesellschaftlichen Tendenzen. Andererseits hausgemachte Probleme. Wir können beispielsweise zu wenige Frauen für unsere Branche begeistern. Die Anzahl der weiblichen Studierenden im Ingenieurwesen und in der Informatik liegt zwischen 10 und 20 Prozent. Das ist eine Katastrophe. Ein wenig effizientes Hochschulsystem mit langen Studienzeiten und Abbrecherquoten von bis zu 50 Prozent tun ein Übriges.

Der Spiegel: Was sollte man tun?

A. W. Scheer: Wir müssen die Motivation wieder fördern, technische Fächer zu studieren. Und wir müssen die Zuwanderungsgesetze liberalisieren. Wir sind nicht attraktiv genug. Wir haben, im Gegensatz etwa zur Autoindustrie, zu wenige Weltfirmen in der deutschen IT-Branche.

Der Spiegel

(Sie hören das Interview nun noch einmal.)

Fragen von 7 bis 12

7. Worunter leidet die Informationstechnologie-Branche?
8. Was ist die Ursache dieser Krise?
9. Welchen Grund nennt Herr Scheer außerdem?
10. Was sagt man über das deutsche Hochschulsystem?
11. Was wird über das Interesse an der Informationstechnologie gesagt?
12. Was schlägt der Präsident des IT-Branchen-Verbandes vor?

TEST WiDaF

Deutsch **a**ls **F**remdsprache in der **W**irtschaft

Modelltest

Der Test **WiDaF** besteht aus 4 Teilen:

Teil 1: Fachlexik

Teil 2: Grammatik

Teil 3: Leseverstehen

Teil 4: Hörverstehen

Lesen Sie bitte die folgenden Erklärungen ganz genau!

1. *Lesen Sie die Aufgabe.*
2. *Wählen Sie die richtige Antwort.*
3. *Markieren Sie dann a, b, c oder d.*
   Eine Antwort ist richtig.

Beispiel:

anrufen
a) widerrufen
b) telefonieren
c) faxen
d) aufrufen

Korrekte Antwort: ⇨ **b.**

A Synonyme

Wählen Sie das passende Synonym und markieren Sie die richtige Lösung a, b, c oder d. Eine Antwort ist richtig.

1. **absetzen**
   a) abbauen b) verkaufen c) einkaufen d) produzieren

2. **präsentieren**
   a) vorstellen b) schenken c) fordern d) abholen

3. **Mitarbeiter**
   a) Vorgesetzter b) Chef c) Kollege d) Kunde

4. **Mahnung**
   a) Zahlungserinnerung b) Ausweis c) Anzeige d) Rechnung

5. **befördern**
   a) benachrichtigen b) verlangen c) transportieren d) bewerten

6. **garantieren**
   a) gewährleisten b) geleiten c) gewöhnen d) genehmigen

Das unterstrichene Wort kann durch ein Synonym ersetzt werden.
Wählen Sie das passende Synonym! Eine Antwort ist richtig.

7. Er wird am nächsten Montag in Frankfurt eintreffen.
   a) zusagen b) ankommen c) arbeiten d) fortführen

8. Ich möchte gern ein Zimmer in Ihrem Hotel reservieren.
   a) bekommen b) renovieren c) buchen d) bewohnen

9. Von diesem Modell haben wir nur noch drei Stück auf Lager.
   a) ausverkauft b) eingespart c) unabkömmlich d) vorrätig

10. Bitte teilen Sie uns ebenfalls die Frachtkosten mit.
    a) Werbekosten b) Herstellungskosten c) Transportkosten d) Unkosten

B Sprachbausteine

Wählen Sie das passende Wort! Eine Antwort ist richtig.

11. Nach langjähriger Mitarbeit wird Herr Klinge zum 1. Januar aus unserem Unternehmen ___________.

a) kündigen b) ausscheiden c) weglaufen d) abreisen

12. Ihr Arbeitsvertrag wird am 1. kommenden Monats in Kraft ___________.

a) schreiten b) steigen c) treten d) kommen

13. Über eine größere ___________ von Ihnen würden wir uns sehr freuen.

a) Aufnahme b) Bestellung c) Auftragslage d) Bekanntgabe

14. In welchen Ordner haben Sie diese Datei ___________?

a) angeheftet b) hingelegt c) abgespeichert d) abgenommen

15. Wir werden noch dieses Jahr ein neues Produkt auf den Markt ___________.

a) werfen b) bringen c) legen d) treten

16. Wir haben im Moment leider keine entsprechende ___________ frei.

a) Stelle b) Platz c) Posten d) Einstellung

17. Dank unserer erfolgreichen Werbekampagne werden wir in diesem Quartal mehr ___________ machen.

a) Nachfrage b) Angebot c) Umsatz d) Einkauf

18. Ab einer Bestellung von über 300 € reduzieren sich die Versandkosten ___________ 15 %.

a) um b) über c) mit d) unter

19. Bitte ___________ Sie mich über Ihre Konditionen.

a) bekunden b) berichten c) klären d) informieren

20. Die bestellte Ware steht ab sofort zur ___________ bereit.

a) Versand b) Transport c) Abholung d) Abtransport

21. Den Import und Export von Gütern nennt man auch ___________.

a) Großhandel b) Binnenhandel c) Außenhandel d) Einzelhandel

22. Bitte ___________ Sie sich in dieser Angelegenheit an unsere Filiale in Münster.

a) wenden b) drehen c) senden d) sprechen

23. Obwohl sie für die Stelle qualifiziert war, hat die Firma einer anderen Bewerberin den ___________ gegeben.

a) Vorbild b) Vortritt c) Vorzug d) Vorteil

24. Die Bilanz zeigt die aktuellen ____________ und Forderungen eines Unternehmens auf.

a) Schuldscheine b) Verbindlichkeiten c) Beschuldigungen d) Bürgschaften

25. Bei der ____________ von Waren in den europäischen Wirtschaftsraum ist in der Regel Zoll zu bezahlen.

a) Eintritt b) Einlauf c) Einfuhr d) Einnahme

26. Wir ____________ uns auf Ihr Schreiben vom 14. dieses Monats.

a) erwähnen b) richten c) beziehen d) erinnern

27. Bitte ____________ Sie eigenhändig am Ende des Formulars.

a) überschreiben b) unterschreiben c) beschriften d) bezeichnen

C Handelskorrespondenz

Wählen Sie den passenden Ausdruck aus der unten stehenden Liste und markieren Sie den entsprechenden Buchstaben. Eine Antwort ist richtig.

Böhme GmbH & Co.
Yoga- und Fitnessbedarf

Fax / E-Mail

An:	Bern OHG
	Frau Franke
Fax Nr.:	+ 49 (0) 7 11 / 10 36 59 87
Von:	Johanna Ohmes / Vertrieb
Datum:	06. 08. 20...
Anzahl der Seiten:	1

___28___

___29___ Frau Franke,

vielen Dank für ___30___ Bestellung vom 29. 07. 20... ___31___ 120 Fitnessanzüge für Damen, Modell „Claudia“, in den Größen 36–42. Leider können wir Ihnen dieses Modell nicht mehr ___32___, da es sich um ein Auslaufmodell handelt, das in unserem aktuellen ___33___ nicht mehr angeboten wird.

Stattdessen können wir Ihnen zum selben ___34___ das modische Nachfolgemodell „Sabrina“ ___35___. Ein Musterexemplar schicken wir Ihnen bei Bedarf gern zu. Über eine Bestellung von Ihnen würden wir uns sehr ___36___.

___37___
Böhme GmbH & Co.

Johanna Ohmes

Böhme GmbH & Co.
Yoga- und Fitnessbedarf
Langenhorst 95
28239 Bremen

28. a) Angebot vom 29. 07. 20...
b) Bestellung vom 29. 07. 20...
c) Anfrage vom 29. 07. 20...

29. a) Liebe
b) Sehr geehrte
c) Sehr geehrter

30. a) Ihre
b) unsere
c) eure

31. a) mit
b) auf
c) über

32. a) beliefern
b) bringen
c) liefern

33. a) Katalog
b) Liste
c) Handbuch

34. a) Preis
b) Lohn
c) Stückzahl

35. a) geben
b) anbieten
c) kaufen

36. a) freuen
b) jubeln
c) amüsieren

37. a) Mit freundlichen Grüßen
b) Tschüss!
c) Herzlichst

D Erläuterung einer Grafik

Wählen Sie den passenden Ausdruck und markieren Sie den entsprechenden Buchstaben: a, b, c oder d. Eine Antwort ist richtig.

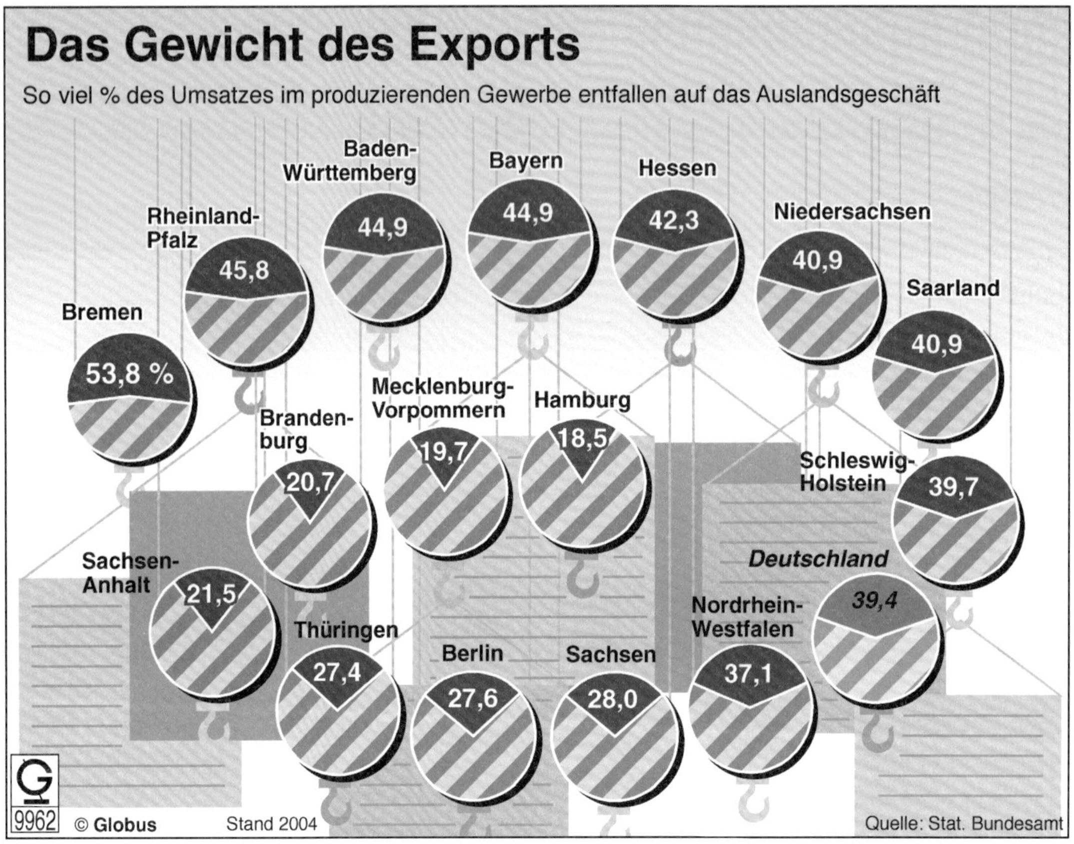

Bremen mit größter Exportquote

Bremen ist das größte „Exportland“ in Deutschland. Hier ist der Anteil der Industriegüter, die ins ___38___ verkauft werden, am höchsten. Das liegt nicht zuletzt an den ___39___, die Schiffe für ausländische Reedereien produzieren. Mehr als jeder zweite Euro wird im Geschäft mit Auslandskunden erwirtschaftet. Hoch ist dieser Anteil auch in Rheinland-Pfalz, Baden-Württemberg und Bayern. ___40___ exportorientiert sind die Industrieunternehmen in Hamburg, Mecklenburg-Vorpommern und Brandenburg. Allerdings werden in unserer Grafik ___41___ mit sehr unterschiedlichen Strukturen ___42___. Hamburg etwa hat eher wenig Industriebetriebe, dafür aber viel Binnen- und Außenhandel, Medienunternehmen und Dienstleistungen. In Mecklenburg-Vorpommern und Brandenburg dagegen sind viele Industriearbeitsplätze verschwunden, ohne dass der ___43___ von anderen Sektoren aufgefangen werden konnte.

38. a) Inland
b) Binnenland
c) Ausland
d) Fremde

39. a) Werften
b) Baustellen
c) Bergwerken
d) Häfen

40. a) Am größten
b) Am wenigsten
c) Wenige
d) Mehr

41. a) Gemeinden
b) Länder
c) Dörfer
d) Staaten

42. a) verschoben
b) verglichen
c) konfrontiert
d) erprobt

43. a) Abnahme
b) Zunahme
c) Minderung
d) Verlust

E Anzeige

Ihre Chance
zum Durchstarten ...

Sie sind fasziniert von technischen Aufgaben?
Sie ___44___ sich für die Automobilindustrie oder den Flugzeugbau?
Sie haben eine ___45___ Ausbildung und suchen nach einer neuen ___46___?

Wir, die Technische TrainingsGmbH, bieten Ihnen die Chance:

Qualifizierung zum Konstrukteur/Entwickler (m/w)
im Bereich Automobil- oder Flugzeugbau

Für Ihre ___47___ Entwicklung haben Sie bei uns die besten Perspektiven.
Es ___48___ Sie neben abwechslungsreichen, interessanten ___49___ ein gutes Gehalt sowie ausgezeichnete ___50___-möglichkeiten.

Bei Interesse senden Sie Ihre Bewerbung an:
personal@technischetrainingsgmbh.com

Welcher Ausdruck passt? Eine Antwort ist richtig.

44. a) profilieren
b) interessieren
c) integrieren
d) limitieren

45. a) literarische
b) juristische
c) medizinische
d) technische

46. a) Herausforderung
b) Entlastung
c) Anstrengung
d) Bestätigung

47. a) gleichmäßige
b) erfreuliche
c) friedliche
d) berufliche

48. a) erwarten
b) gewinnen
c) bedienen
d) versuchen

49. a) Anfragen
b) Beschwerden
c) Aufgaben
d) Fähigkeiten

50. a) Karriere-
b) Befehls-
c) Bau-
d) Antrags-

Wählen Sie die richtige Antwort. <u>Eine</u> Antwort ist richtig.

51. Wir warten immer noch _____ Ihre Lieferung.

a) auf b) an c) – d) über

52. Die Verhandlungen _____ ausgesprochen gut verlaufen.

a) haben b) ist c) wurden d) sind

53. Wir laden Sie herzlich ein, sich auf der Frankfurter Messe _________ Stand anzusehen.

a) unsere b) unseren c) unser d) unserem

54. Unser Chef fliegt übermorgen _____ Rom.

a) in b) zu c) bei d) nach

55. Wo ist die CD mit den Einkommenssteuererklärungen der _________ Jahre?

a) letzte b) letztem c) letzten d) letztere

56. Wir werden Ihre Wünsche auf jeden Fall berücksichtigen.

Wählen Sie den entsprechenden Satz im Passiv!

a) Ihre Wünsche wurden auf jeden Fall berücksichtigt.
b) Ihre Wünsche würden auf jeden Fall berücksichtigt.
c) Ihre Wünsche werden auf jeden Fall berücksichtigt werden.
d) Ihre Wünsche sind auf jeden Fall berücksichtigt worden.

57. In den Städten gibt es mehr Sozialhilfeempfänger _____ auf dem Land.

a) je b) doch c) wie d) als

58. Viele Erwerbstätige fragen sich, _____ sie im Alter noch für ihren Lebensunterhalt aufkommen können.

a) als ob b) falls c) ob d) dass

59. Die von Ihnen _________ Ware wird sofort geliefert.

a) bestellt b) bestellte c) bestellten d) bestellter

60. Frankreich ist der _________________ Handelspartner Deutschlands.

a) bedeutendste b) bedeutendsten c) bedeutendster d) bedeutendstes

61. Die Reformen auf dem Arbeitsmarkt sind dringender denn _________.

a) niemals b) je c) nie d) jeher

62. Sie hat vor, heute Abend Einkäufe ______________.

a) gemacht b) zumachen c) machen d) zu machen

63. Ich würde _____ gerne unsere neue Zeitschrift senden.

a) Ihnen b) ihn c) dich d) Sie

64. Sie bedauert, _____ in der Sitzung nicht alle Punkte diskutiert worden sind.

a) falls b) dass c) obwohl d) denn

65. Die Verkaufsabteilung konnte ihren Umsatz steigern, _________ wir uns sehr freuen.

a) worüber b) wozu c) womit d) worauf

66. Das Produkt ist _________ der teuersten seiner Art auf dem Markt.

a) ein b) einen c) eines d) einer

67. Telefonieren Sie gerade mit _________ Lieferanten?

a) unsere b) unserer c) unserem d) unser

68. Wenn Sie Zeit gehabt _________, _________ wir uns treffen können.

a) haben / würden b) hatten / hätten c) haben / hätten d) hätten / hätten

69. Vielen Dank, dass Sie sich _____ unser Produkt entschieden haben.

a) zu b) für c) auf d) um

70. Wir tun alles, _________ unsere Kunden zufrieden sind.

a) somit b) damit c) darum d) um

Text 1

Stimmen die Aussagen mit dem Text überein?
Wenn ja, markieren Sie auf dem Antwortbogen a) = richtig,
wenn nicht, markieren Sie b) = falsch.

Exporte um 13 Prozent gestiegen

Die starke Nachfrage aus Europa hat den deutschen Exporteuren im April ein kräftiges Plus beschert. Sie verkauften Waren im Wert von 78,8 Milliarden Euro ins Ausland, und damit 13,1 Prozent mehr als vor einem Jahr, wie das *Statistische Bundesamt* mitteilte. Das war das kräftigste Plus seit Januar. Zum Vormonat stiegen die Exporte saisonbereinigt um 0,9 Prozent, und damit etwas schwächer, als von Volkswirten erwartet. Die stärkste Nachfrage nach Produkten „made in Germany" kam aus den EU-Ländern. Hier kletterten die Ausfuhren um fast 15 Prozent auf 52 Milliarden Euro, während sie in den übrigen Ländern nur um zehn Prozent zulegten.
Der Aufschwung in Europa und Asien dürfte die Geschäfte der Exporteure auch in den kommenden Monaten beleben. Deutschland hatte sich damit zum vierten Mal den inoffiziellen Titel des Exportweltmeisters von Waren gesichert.

nach: Hamburger Abendblatt

71. Den deutschen Exporteuren ist die europäische Nachfrage zugutegekommen.
a) richtig b) falsch

72. Im Vergleich zum Vorjahr haben die Exporte nicht zugenommen.
a) richtig b) falsch

73. Die stärkste Nachfrage nach deutschen Produkten kam aus Asien.
a) richtig b) falsch

74. Vom Aufschwung in Europa und Asien dürfte der deutsche Export auch weiterhin profitieren.
a) richtig b) falsch

75. Deutschland steht schon zum vierten Mal weltweit an der Spitze der Exporteure.
a) richtig b) falsch

Text 2

Beantworten Sie die unten stehenden Fragen. Eine Antwort ist richtig.

Spezialisierung schafft Vorsprung

Welche Konsequenzen haben die Globalisierung und der damit verbundene Strukturwandel für die Industrienationen und ihre Unternehmen?
Unstrittig ist, dass der Druck auf die Firmen wächst, lockt doch die Konkurrenz aus Schwellen- und Entwicklungsländern vor allem im Industriesektor mit günstigeren Waren. Dem erhöhten Importdruck können die etablierten Produzenten nur dadurch wirkungsvoll begegnen, dass sie ihre Kosten verringern und sich mit innovativen, differenzierten Produkten von der Konkurrenz unterscheiden.
Die Studie „Systemkopf Deutschland Plus" zeigt, dass Unternehmen, die den Strukturwandel erfolgreich bewältigen, einfache Fertigungsprozesse häufiger im Ausland abwickeln, während anspruchsvolle Aufgaben in Deutschland angesiedelt bleiben, wie etwa Forschung und Entwicklung, Design, Marketing, Fertigungsplanung, Vertriebssteuerung sowie die Erarbeitung der Firmenstrategie.
Die Ergebnisse dieser Studie zeigen auch, dass knapp jeder fünfte größere Betrieb in Deutschland zu diesen erfolgreichen Unternehmen zählt. Zwei Drittel sind der Industrie zuzurechnen und 82 Prozent dieser Unternehmen sind mit Innovationen auf dem Markt. Außerdem sind die erfolgreichen deutschen Unternehmen bereits im Ausland tätig, wo sie ihre Produkte vertreiben, Niederlassungen haben und im Durchschnitt zwischen 23 und 27 Prozent ihres Umsatzes erzielen.

76. Dem Artikel nach wird durch die Globalisierung

a) der Druck auf Betriebe in Entwicklungsländern erhöht.
b) ein starker Druck auf die Firmen der Industrienationen ausgeübt.
c) die Innovation vernachlässigt.

77. Durch die Globalisierung werden die Unternehmen der Industrienationen gezwungen,

a) Kosten zu senken.
b) die Produktion zu steigern.
c) die Forschung aufzugeben.

78. Die Konkurrenz der Schwellen- und Entwicklungsländer ist sehr stark, weil sie

a) billige Waren liefern können.
b) innovativer sind.
c) durch Spezialisierung einen Vorsprung haben.

79. Deutsche Unternehmen, die den Strukturwandel erfolgreich bewältigen,

a) produzieren nur in Deutschland.
b) führen die komplexen Aufgaben in Deutschland durch.
c) verlegen alle Prozesse ins Ausland.

80. Die Studie „Systemkopf Deutschland Plus" zeigt, dass

a) die meisten erfolgreichen Unternehmen die Vertriebssteuerung ins Ausland verlagert haben.
b) 82 Prozent der durch Auslagerung erfolgreichen Unternehmen neue Produkte entwickeln.
c) jeder fünfte größere Betrieb zum Industriesektor gehört.

81. Viele erfolgreiche deutsche Unternehmen

a) sind nicht im Ausland tätig.
b) erzielen zwischen 23 und 28 Prozent ihres Umsatzes im Inland.
c) haben Filialen im Ausland.

Text 3

Beantworten Sie die unten stehenden Fragen. Eine Antwort ist richtig.

Deutscher Erfindergeist ungebrochen

Über den Standort Deutschland wird viel geklagt – nicht immer zu Recht. Die Gewinne deutscher Unternehmen wachsen stärker als die der amerikanischen und beim Produktivitätszuwachs liegt Deutschland gleichauf mit den Vereinigten Staaten. In zahlreichen Zukunftstechnologien befinde sich Deutschland international an der Spitze, z. B. in der Bio- und der Nanotechnologie, erklärt die Initiative „Partner für Innovationen", in der sich zahlreiche Unternehmen und Forschungseinrichtungen zusammengeschlossen haben.

Auch der Erfindergeist ist ungebrochen, wie die Bilanz des *Deutschen Patentamtes* belegt. Das Patentamt hat im vergangenen Jahr eine Zunahme der inländischen Patente um 1 000 auf gut 48 000 registriert. Mit 6 000 Anmeldungen ist der Fahrzeugbau der innovativste Bereich hierzulande. Es folgen Maschinenbau und Elektrotechnik sowie die Medizin. Größte Einzelanmelder sind die Unternehmen *Siemens* und *Bosch*, die im vergangenen Jahr 3 900 beziehungsweise 2 300 Patente angemeldet haben.

Jungen Unternehmern fehlt es oft nicht an Ideen, wohl aber am Geld, um neue Produkte zu erfinden, zu testen und sie dann als Patent schützen zu lassen. Daher hat die Kooperation „Partner für Innovationen" einen Wagniskapitalfonds für Hightech-Gründungen aufgelegt, der in diesen Wochen erstmals Geld zur Verfügung stellt.

Gemäß den industriellen Geldgebern *BASF*, *Siemens* und *Deutsche Telekom* sollen vor allem junge Unternehmen in den Bereichen Chemie, Informationstechnologie und Automationstechnik sowie Telekommunikation und Medien gefördert werden. Die Bundesländer haben in diesen Tagen beschlossen, ihre Ausgaben für Forschung und Entwicklung um 150 Millionen Euro im Jahr zu erhöhen.

nach: Frankfurter Allgemeine Zeitung

82. Auf welchem Gebiet gibt es in Deutschland mehr Wachstum als in den USA?

a) beim Produktivitätszuwachs
b) bei den Unternehmensgewinnen
c) bei den Umsatzzahlen
d) im Fahrzeugbau

83. Was belegt die Bilanz des Deutschen Patentamts?

a) Es werden immer weniger Patente angemeldet.
b) Den Erfindern fällt nichts Neues mehr ein.
c) Es gibt 47 000 Patente mehr als im Vorjahr.
d) Es wurden 1 000 Patente mehr angemeldet als im letzten Jahr.

84. In welcher Branche werden die meisten Patente angemeldet?

a) in der Medizin
b) im Maschinenbau und in der Elektrotechnik
c) in der Bio- und Nanotechnologie
d) im Fahrzeugbau

85. Wobei liegen *Siemens* und *Bosch* an der Spitze?

a) Sie geben jungen Unternehmen das meiste Geld.
b) Sie sind die innovativsten Unternehmen aller Zeiten.
c) Sie haben im letzten Jahr die meisten Patente angemeldet.
d) Sie geben am meisten für die Forschung aus.

86. Was brauchen junge Unternehmen?

a) mehr Ideen
b) mehr Patente
c) mehr Geld, um ihre Ideen zu testen und als Patente anzumelden
d) mehr Geld für Werbung

87. Was haben *BASF*, *Siemens* und *Deutsche Telekom* beschlossen?

a) junge Unternehmen aufzukaufen
b) 150 Millionen Euro mehr im Jahr für Forschung und Entwicklung auszugeben
c) junge Unternehmen finanziell zu unterstützen
d) am Aktienmarkt vermehrt in Fonds neuer Technologien zu investieren

Text 4

Beantworten Sie die unten stehenden Fragen. Eine Antwort ist richtig.

IKEA trotzt der deutschen Konsumschwäche

Der deutsche Möbelmarkt schrumpft seit 5 Jahren, da die Konsumenten aus Angst vor Arbeitslosigkeit bei langlebigen Konsumgütern sparen. Dennoch konnte die schwedische Möbelhauskette *IKEA* ihren Umsatz im letzten Geschäftsjahr um 11,2 Prozent auf 2,77 Milliarden Euro steigern. Davon stammt nur ein kleiner Teil von den drei neuen Möbelhäusern in Duisburg, Siegen und Osnabrück, erläuterte der Geschäftsführer von *IKEA Deutschland*, H. Weber. Immerhin 8 Prozentpunkte des Zuwachses seien auf vorhandener Fläche erreicht worden.

Dass sich *IKEA* von der schwachen Konsumkonjunktur in Deutschland und speziell im hart umkämpften Möbelmarkt abkoppeln kann, begründete Weber unter anderem damit, dass man die „Rabattschlachten" der Konkurrenz nicht mitmache.

Allerdings setzt auch *IKEA* zunehmend auf den Preiswettbewerb: Für den Beginn des neuen Geschäftsjahres kündigte der Konzern jetzt für Deutschland Preissenkungen im Umfang von 100 Millionen Euro an. Das bedeutet, dass das gesamte Sortiment durchschnittlich 4 Prozent günstiger wird. *IKEA* will aber vor allem Schlafzimmermöbel und Küchen verbilligen.

Weber räumte ein, dass die Preisnachlässe auf die Gewinnmargen drückten. Dies versuche *IKEA* durch eine ganze Reihe von Maßnahmen aufzufangen. So nutze man Größenvorteile dazu, die Preise beim Einkauf zu verringern. Gemeinsam mit den Lieferanten versuche man außerdem, die Rohstoffe wie Holz durch neue technische Verfahren effizienter zu nutzen. Auch bei der Logistik könne man noch sparen, beispielsweise durch den Verzicht auf Zwischenlager. Schließlich versuche man, neue Käuferschichten zu erschließen, zum Beispiel durch neue Möbelangebote im Landhausstil, der aber das klassische nüchterne nordische Design nicht verdrängen soll.

Nicht sparen will *IKEA* dagegen am Personal. Allein in diesem Geschäftsjahr habe *IKEA Deutschland* 800 neue Stellen zu unveränderten finanziellen Konditionen geschaffen, hieß es. Bis 2010 sollen nochmals fast 5 000 zu den gegenwärtig 11 600 Stellen hinzukommen, verbunden mit der jährlichen Eröffnung von drei bis vier Häusern. Auf der ganzen Welt beschäftigt *IKEA* 70 000 Menschen, betrieben werden 217 Einrichtungshäuser in 33 Ländern.

nach: Frankfurter Allgemeine Zeitung

88. In diesem Text geht es um

a) die günstigen Aussichten auf dem Markt für Konsumgüter.
b) die neuesten Regalmodelle von *IKEA*.
c) die schrumpfende schwedische Möbelproduktion.
d) das innerhalb der Branche außergewöhnlich positive Jahresergebnis von *IKEA*.

89. Dem Artikel nach

a) macht die Möbelbranche seit 5 Jahren einen höheren Umsatz.
b) sind in den neuen *IKEA*-Häusern 8 Prozent des Umsatzzuwachses erreicht worden.
c) zögern die Verbraucher, langlebige Konsumgüter zu kaufen.
d) macht *IKEA* bald Pleite.

90. Nach Webers Ansicht

a) verzichtet man bei *IKEA* auf die aggressive Preispolitik anderer Möbelhäuser.
b) werden bei *IKEA* nur Schlafzimmermöbel und Küchen billiger.
c) werden die Preise bei *IKEA* überhaupt nicht gesenkt.
d) sind die Möbel bei *IKEA* teurer als bei der Konkurrenz.

91. Bei *IKEA*

a) werden wegen der Preissenkungen einige Mitarbeiter entlassen.
b) werden zukünftig die Möbel nur noch aus Holz produziert.
c) versucht man, bei der Logistik zu sparen.
d) will man sich vom typischen nüchternen nordischen Design lossagen.

92. Bei den Angestellten

a) werden alle Prämien gestrichen.
b) will *IKEA* 800 Stellen abbauen.
c) soll nicht gespart werden.
d) sieht Weber große Sparmöglichkeiten.

93. Jährlich sollen

a) 800 neue Arbeitsplätze geschaffen werden.
b) drei bis vier neue Möbelhäuser eröffnet werden.
c) mehr *IKEA*-Kataloge verteilt werden.
d) mehr Personalkosten eingespart werden.

Text 5

Beantworten Sie die unten stehenden Fragen. Eine Antwort ist richtig.

Leipziger Messe zieht weiter in Richtung Osten
Expansion soll auch den Heimatstandort stärken

Leipzig – Die *Leipziger Messe* positioniert sich neu. „Mit der EU-Erweiterung in Richtung Osten ist Leipzig in die Mitte Europas gerückt. Dem passen wir uns an“, sagt Messechef Wolfgang Marzin. Zwar soll auch das Inlandsengagement weiter ausgebaut werden, in den kommenden Jahren setzt die Messe, laut Marzin, aber verstärkt auf das internationale Geschäft. So wurde zuletzt in den Ausbau von Auslandsrepräsentanzen – etwa in Polen und Tschechien – investiert und mit der zweitgrößten Moskauer Messegesellschaft eine Kooperation geschlossen.

Durch die Neupositionierung erwartet sich die Leipziger Messe am eigenen Standort ein deutliches Plus bei den Aussteller- und Besucherzahlen. „Alle Ängste, das Auslandsgeschäft könnte die eigenen Veranstaltungen kannibalisieren, sind völlig unbegründet“, sagt Messechef Marzin, „das Gegenteil ist der Fall, ein professioneller Auslandsauftritt stärkt nachweislich den heimischen Messeplatz.“

Oberbürgermeister Wolfgang Tiefensee hat bei der Osteuropa-Offensive vor allem zwei Standortvorteile für Leipzig ausgemacht: „Der Messeplatz hat Tradition. Zudem ist die Preisstruktur für Messen, Hotelzimmer und Gastronomie in Leipzig ein entscheidender Pluspunkt gegenüber anderen Standorten in Deutschland.“

Aber wenngleich das Ergebnis für das letzte Jahr noch negativ war, legte das Unternehmen bei den Zahlen für Aussteller, Besucher und vermietete Fläche zu und erzielte die besten Werte seit vier Jahren: Die Zahl der Aussteller stieg auf knapp 10 400, die verkaufte Ausstellungsfläche legte um vier Prozent auf 365 000 Quadratmeter zu und die Zahl der Besucher kletterte um 20 000 auf 1,05 Millionen.

nach: Die Welt

94. Nach Ansicht des Autors bedeutet Expansion für den Heimatstandort

a) eine Schwächung.
b) einen Aufschwung.
c) eine Rezession.
d) eine Kannibalisierungsgefahr.

95. Für die *Leipziger Messe* hatte die EU-Erweiterung ________________ zur Folge.

a) eine Neupositionierung
b) eine Minderung der Auslandsrepräsentanzen
c) eine Verlagerung von Arbeitsplätzen
d) einen drastischen Investitionsschwund

96. Künftig will die *Leipziger Messe* das Auslandsgeschäft

a) gemeinsam mit dem Inlandsgeschäft erweitern.
b) auf Kosten des Inlandsgeschäfts verstärken.
c) auf Länder der EU beschränken.
d) einer Moskauer Messegesellschaft übertragen.

97. Um die mittel- und osteuropäischen Märkte anzusprechen, hat man in ____________________ investiert.

a) eigene Veranstaltungen
b) Auslandsvertretungen
c) das Inlandsengagement
d) die neuen Bundesländer

98. Für Messechef Marzin

a) schwächt ein professioneller Auslandsauftritt den heimischen Messeplatz.
b) kannibalisiert das Auslandsgeschäft die eigenen Veranstaltungen.
c) hätte eine Neupositionierung eine Minderung der Besucherzahlen zur Folge.
d) wird der Leipziger Messestandort durch einen professionellen Auslandsauftritt gefördert.

99. Für Oberbürgermeister Wolfgang Tiefensee

a) ist die langjährige Tradition ein Hindernis für den Fortschritt der *Leipziger Messe*.
b) stellen die Hotelpreise in Leipzig einen Standortvorteil dar.
c) könnte die gesamte Besucherzahl verdreifacht werden.
d) könnte der Auslandsanteil bei den Privatbesuchern um 6 Prozent abnehmen.

100. Das Fazit für das letzte Jahr:

a) Das Ergebnis war positiv.
b) Die Aussteller- und Besucherzahlen konnten beibehalten werden.
c) Die Zahl der Aussteller stieg um 10,4 Prozent.
d) Die Besucherzahl stieg auf mehr als eine Million an.

In diesem Teil des Tests hören Sie

- ***einfache Aussagen,***
- ***Dialoge,***
- ***Hörtexte,***
- ***ein Interview.***

Sie dürfen sich keine Notizen machen.

Beispiel:

Sie hören:

Aussage: **Frau Kurz, buchen Sie bitte einen Flug nach München, und zwar für den 3. August.**

Frage: **Was soll Frau Kurz machen?**

Nachdem Sie die Frage gehört haben, lesen Sie:

Sie lesen:

Antwort:
a) Sie soll nach München fliegen.
b) Sie soll am 3. August einen Flug buchen.
c) Sie soll für den 3. August einen Flug nach München buchen.

Die richtige Antwort ist ⇨ **c.**

c) Sie soll für den 3. August einen Flug nach München buchen.

Sie markieren also **c**.

A Einfache Aussagen

Sie hören die Aussage und die Frage nur 1x. Sie dürfen sich keine Notizen machen. Nach dem Hören lesen Sie die Antworten. Dann markieren Sie die richtige Antwort. Eine Antwort ist richtig.

101. a) um 14 Uhr
b) um 10 Uhr
c) um 4 Uhr

102. a) Weil er so spät anruft.
b) Weil er die falsche Nummer gewählt hat.
c) Weil er nicht geantwortet hat.

103. a) Er soll seinen Computer sofort ausschalten.
b) Er soll seinen Computer einschalten.
c) Er soll seinen Computer ausschalten, wenn er geht.

104. a) wahrscheinlich am nächsten Tag um 1 Uhr
b) morgens um 7 Uhr
c) Er weiß es noch nicht genau.

105. a) am selben Tag
b) nächste Woche
c) am nächsten Tag

106. a) die Angestellten
b) die Abteilungsleiter
c) die Vorstandsmitglieder

107. a) für das hohe Verkehrsaufkommen
b) für ihre Verspätung
c) für den Stau

108. a) Er macht Urlaub mit Frau Schmidt.
b) Er macht die Urlaubsvertretung für Frau Schmidt.
c) Er ist im Urlaub.

109. a) Sie hat vor einem Jahr Konkurs gemacht.
b) Sie wird bald Konkurs machen.
c) Sie hat vor zwei Jahren Konkurs gemacht.

110. a) Immer mehr junge Leute finden Arbeit.
b) Immer mehr junge Leute sind arbeitslos.
c) Die Zahl der Arbeitslosen ist zurückgegangen.

111. a) per Vorauskasse zu bezahlen
b) pünktlich zu bezahlen
c) per Überweisung zu bezahlen

112. a) eine Rechnung erstellen
b) die Gutschrift wegwerfen
c) eine Gutschrift schreiben

113. a) Weil die Dokumente noch nicht da waren.
b) Weil der Drucker kaputt war.
c) Weil die Druckerpatrone leer war.

114. a) das Exportgeschäft
b) die Automobilbranche
c) die Binnennachfrage

115. a) nach Alternativen, die die Umwelt schädigen
b) nach Alternativen, die die Umwelt schonen
c) nach Alternativen, die Umwelt zu erforschen

B Dialoge

Sie hören jetzt kurze Dialoge und je eine Frage. Die Dialoge und die Frage hören Sie nur 1x. Sie dürfen sich keine Notizen machen.
Nach dem Hören lesen Sie die Antworten. Dann markieren Sie die richtige Antwort. Eine Antwort ist richtig.

116. a) Sie muss am Abend arbeiten.
b) Sie hat schon eine Verabredung.
c) Sie ist Antialkoholikerin.
d) Sie mag kein Bier.

117. a) nicht mehr mit dem Chef zu sprechen
b) die Preise zu senken
c) mehr Gewinn zu machen
d) die Preise zu erhöhen

118. a) Er möchte nicht mehr bei der Firma arbeiten.
b) Er möchte eine Filiale im Ausland aufmachen.
c) Er möchte auf keinen Fall im Ausland arbeiten.
d) Er möchte in einer europäischen Filiale der Firma arbeiten.

119. a) Frau Schneider wird in fünf Minuten noch einmal anrufen.
b) Herr Lang wird in fünf Minuten zurückrufen.
c) Frau Schneider wird fünf Minuten lang mit Herrn Lang sprechen.
d) Herr Lang kann in fünf Minuten wieder angerufen werden.

120. a) Er möchte gern als Informatiker arbeiten.
b) Er möchte eine neue Software kaufen.
c) Er möchte Werbung für das Produkt seiner Firma machen.
d) Er möchte sich über ein neues Produkt informieren.

121. a) Die Ware ist aufs Schiff verladen worden.
b) Die Sendung kommt später an als geplant.
c) Der Lkw hatte einen Unfall.
d) Die Sendung konnte nicht verladen werden.

122. a) Sie hat ihre Prüfung nicht bestanden.
b) Sie hat ihre Ausbildung erfolgreich abgeschlossen.
c) Sie hat Geburtstag.
d) Sie hat ihre Ausbildung begonnen.

123. a) Der Geschäftsbericht muss fertiggestellt werden.
b) Die Angestellte arbeitet zu langsam.
c) Die Auszubildende soll bis 15 Uhr arbeiten.
d) Alle Statistiken sind bereits erstellt.

124. a) die Umzugskartons
b) die Eingangsrechnungen
c) die zu bearbeitenden Akten
d) die Buchhaltung

125. a) Er möchte, dass man ihm für alle Bestellungen einen Rabatt gewährt.
b) Er möchte bei der Konkurrenz bestellen.
c) Er wünscht sich einen besseren Service.
d) Er möchte, dass man ihm für diese Bestellung einen Rabatt gewährt.

126. a) Sie möchte am 8. Juli nach Toulouse fliegen.
b) Sie möchte in Toulouse Urlaub machen.
c) Sie möchte mit einem Mietwagen nach Toulouse fahren.
d) Sie möchte einen Flug buchen und einen Leihwagen reservieren.

127. a) Alle älteren Mitarbeiter sollen entlassen werden.
b) Das Unternehmen macht keinen Gewinn mehr.
c) Der Chef will niemanden mehr entlassen.
d) Die Lohnkosten sollen gesenkt werden.

128. a) Ein 2. Kind soll bald geboren werden.
b) Die aktuelle Wohnung ist ihm zu teuer.
c) Die frühere Wohnung war nicht das Richtige.
d) Die Familie hat sich vergrößert.

129. a) 50 Euro
b) 100 Euro
c) 30 Euro
d) 20 Euro

Sie hören jetzt drei längere Dialoge und je drei Fragen. Sie hören die Dialoge und die Fragen nur 1x. Sie dürfen sich keine Notizen machen. Nach dem Hören jeder Frage lesen Sie die Antworten. Dann markieren Sie die richtige Antwort. Eine Antwort ist richtig.

Dialog 1

Fragen von 130 bis 132

130. a) Sie haben schon einmal miteinander telefoniert
b) Sie haben schon einmal über die Messe gesprochen.
c) Sie haben sich auf einer Messe getroffen.
d) Sie kennen sich seit vielen Jahren.

131. a) Sie bittet Herrn Lohse um die Zusendung eines schriftlichen Angebots.
b) Sie bittet Herrn Lohse um die Erteilung eines schriftlichen Auftrags.
c) Sie will ihm ein Angebot präsentieren.
d) Sie will von Herrn Lohse eine Auskunft.

132. a) Frau Keller hat sie ihm am Telefon mitgeteilt.
b) Frau Keller hat sie ihm auf der Messe gesagt.
c) Frau Keller hat ihm ihre Visitenkarte gegeben.
d) Frau Keller will ihm ihre Nummer zufaxen.

Dialog 2

Fragen von 133 bis 135

133. a) Er will mit ihr eine Konferenz auswerten.
b) Er möchte sie auf eine Konferenz einladen.
c) Er will mit ihr die Vorbereitungen für eine Konferenz besprechen.
d) Er will sie am 3. März auf eine Konferenz schicken.

134. a) alle
b) 5
c) 15
d) 10

135. a) Sie muss noch alles bestellen.
b) Sie muss sich noch um Getränke kümmern.
c) Die Speisen müssen noch bestellt werden.
d) Es ist alles bestellt.

Dialog 3

Fragen von 136 bis 138

136. a) Er sucht Mitarbeiter für den IT-Bereich seines Unternehmens.
b) Er möchte eine Ausbildung zum Informatiker machen.
c) Er will eine Anzeige aufgeben.
d) Er will sich in diesem Unternehmen bewerben.

137. a) Er ist gerade in einer Besprechung.
b) Er ist gerade nicht an seinem Platz.
c) Er ist auf Geschäftsreise.
d) Er führt gerade ein Bewerbungsgespräch.

138. a) Er wird in ein paar Tagen noch einmal direkt bei Herrn Fröbel anrufen.
b) Er wird persönlich vorbeikommen.
c) Er wird seine Bewerbungsunterlagen per Post zusenden.
d) Er wird ins Ausland fahren.

C Hörtexte

Sie hören jetzt zwei Texte und mehrere Fragen. Sie hören die Texte 2x, die Fragen nur 1x. Sie dürfen sich keine Notizen machen.
Nach dem Hören lesen Sie die Antworten. Dann markieren Sie die richtige Antwort.
Eine Antwort ist richtig.

Hörtext 1

Fragen von 139 bis 142

139. a) Fachwissen
b) persönliches Auftreten
c) Berufserfahrung
d) äußeres Erscheinungsbild

140. a) Jobanwärter sind in puncto Teamfähigkeit nicht gut auf den Job vorbereitet.
b) Jobanwärter schneiden in puncto Kooperation gut ab.
c) Fehlende Berufserfahrung verhindert fast immer Neueinstellungen.
d) Es herrscht ein weit verbreiteter Mangel an Fachwissen.

141. a) Sie wissen oft nicht, wie sie ihre Spezialisierung zur Geltung bringen können.
b) Sie können sich nicht richtig präsentieren.
c) Sie wissen nicht, wie sie ihr Talent weiter ausbilden können.
d) Sie wissen nicht, wie sie ihr Fachwissen zeigen können.

142. a) Sie sind keine High Potentials.
b) Sie bewerben sich zu spät.
c) Sie sind nicht genug spezialisiert.
d) Sie unterschätzen die soziale Seite.

Hörtext 2

Fragen von 143 bis 146

143. a) Die Nachfrage nach Champagner ging in den letzten Jahren zurück.
b) Das verfügbare Champagnerangebot befriedigt die Nachfrage bei Weitem.
c) Die Nachfrage nach Wein ist größer als die Nachfrage nach Champagner.
d) Die Nachfrage nach Champagner steigt an.

144. a) Sie importierten Champagner aus anderen Ländern.
b) Sie erweiterten die Anbaufläche.
c) Sie verringerten die Exporte.
d) Sie änderten die Exportmenge.

145. a) Hochwertiger Champagner hat immer mehr Erfolg.
b) Der Trend geht zu einer Verbilligung des Champagners.
c) Billigprodukte finden immer mehr Abnehmer.
d) Man setzt vor allem auf die Produktion von billigem Champagner.

146. a) steigenden Verkauf nur im Inland
b) steigenden Verkauf vor allem im Ausland
c) weniger Konkurrenz
d) geringere Wettbewerbsvorteile

D Interview

Sie hören jetzt ein Interview und mehrere Fragen. Sie hören das Interview 2x, die Fragen nur 1x. Sie dürfen sich keine Notizen machen.
Nach dem Hören lesen Sie die Antworten. Dann markieren Sie die richtige Antwort.
Eine Antwort ist richtig.

Fragen von 147 bis 150

147. a) Das Thema war bis jetzt nicht sehr interessant.
b) Bildung und Wachstum haben nichts Gemeinsames.
c) Bildungsverlust bedeutet Verfall der Qualität.
d) Bildungsverlust kommt einem Innovationsgewinn gleich.

148. a) Es gibt zu viele Experten, aber zu wenig Arbeiter.
b) In Deutschland mangelt es an hoch qualifizierten Fachkräften.
c) Die Nachfrage nach mittelqualifizierten Arbeitskräften wird immer größer.
d) Deutschland ist im Mittelwert schon immer schwach gewesen.

149. a) Experten entwickeln eine Pilotfabrik in Amerika, die dann weltweit kopiert wird.
b) Standards werden von Facharbeitern erarbeitet.
c) Hoch qualifizierte Mitarbeiter werden für die Massenproduktion herangezogen.
d) Es wird nur in Hochlohnländern produziert.

150. a) Investitionen in Bildung lohnen sich nicht.
b) Jeder Einzelne muss in seine Bildung investieren.
c) Für das Geld, welches man in Bildung investiert, liegt die Verzinsung bei bis zu zwölf Prozent.
d) Besser ausgebildete Menschen benötigen mehr staatliche Unterstützung.

A Einfache Aussagen

Sie hören die Aussage und die Frage nur 1x. Sie dürfen sich keine Notizen machen. Nach dem Hören lesen Sie die Antworten. Dann markieren Sie die richtige Antwort. Eine Antwort ist richtig.

101. Die Sitzung wird um 14 Uhr stattfinden.
Wann findet die Sitzung statt?

102. Entschuldigen Sie bitte, ich habe mich verwählt.
Warum entschuldigt sich der Mann?

103. Bitte schalten Sie Ihren Computer nach Arbeitsschluss aus.
Was soll er tun?

104. Ich werde voraussichtlich morgen gegen eins zurück sein.
Wann kommt er zurück?

105. Dieser Brief muss unbedingt heute noch abgeschickt werden.
Wann soll der Brief abgeschickt werden?

106. Morgen Vormittag wird eine Besprechung der Abteilungsleiter stattfinden.
Wer wird sich morgen Vormittag treffen?

107. Entschuldigen Sie bitte die Verspätung, ich habe eine halbe Stunde im Stau gestanden.
Wofür entschuldigt sich die Mitarbeiterin?

108. Herr Müller ist zurzeit im Urlaub. Seine Vertretung macht währenddessen Frau Schmidt.
Was macht Herr Müller momentan?

109. Diese Firma hat vor einem Jahr Konkurs gemacht.
Was erfahren wir über die Firma?

110. Von der Arbeitslosigkeit sind immer mehr junge Leute betroffen.
Welche Entwicklung gibt es auf dem Arbeitsmarkt?

111. Bei Erstkunden können wir nur Vorauskasse akzeptieren.
Was verlangt das Unternehmen von Erstkunden?

112. Frau Cordes, erstellen Sie bitte eine Gutschrift für diese Rechnung.
Was soll Frau Cordes tun?

113. Die Sekretärin konnte die Dokumente nicht ausdrucken, da die Druckerpatrone leer war.
Warum konnte die Sekretärin die Dokumente nicht ausdrucken?

114. Der Export war auch dieses Jahr der Wachstumsmotor der deutschen Konjunktur.
Was war dieses Jahr der Wachstumsmotor der deutschen Konjunktur?

115. Die Nachfrage nach umweltfreundlichen Alternativen wird immer größer.
Wonach gibt es immer mehr Nachfrage?

B Dialoge

Sie hören jetzt kurze Dialoge und je eine Frage. Die Dialoge und die Frage hören Sie nur 1x. Sie dürfen sich keine Notizen machen. Nach dem Hören lesen Sie die Antworten. Dann markieren Sie die richtige Antwort. Eine Antwort ist richtig.

116. A: Hätten Sie Lust, heute Abend mit mir ein Bier trinken zu gehen?
B: Danke für die Einladung, aber ich habe für heute Abend schon eine Verabredung.
A: Schade, aber vielleicht klappt es ja ein anderes Mal.

Warum will die Frau kein Bier trinken gehen?

117. A: Um mit der Konkurrenz mithalten zu können, müssen wir unbedingt unsere Preise senken.
B: Mit niedrigeren Preisen wird es sehr schwierig werden, Gewinn zu machen.
A: Wir sollten dieses Problem unbedingt mit unserem Chef besprechen.

Was schlägt die Frau vor?

118. A: Warum möchten Sie bei uns arbeiten?
B: Ihre Firma interessiert mich wegen ihrer internationalen Ausrichtung sehr.
A: Wären Sie auch daran interessiert, in einer unserer Filialen im europäischen Ausland zu arbeiten?
B: Auf jeden Fall!

Was möchte der Bewerber?

119. A: Guten Tag, mein Name ist Schneider von der Berufsgenossenschaft. Ich würde gern mit dem Leiter der Personalabteilung sprechen.
B: Einen Moment bitte, ich verbinde Sie mit Herrn Lang. – Herr Lang spricht momentan. Soll er Sie in fünf Minuten zurückrufen?
A: Das wäre sehr nett, danke.

Was wurde vereinbart?

120. A: Wer ist bei Ihnen für die EDV zuständig?
B: Das ist Herr Klinghardt, er ist momentan jedoch nicht in seinem Büro. Was möchten Sie denn?
A: Ich würde Ihnen gern die neue Software unserer Firma vorstellen.

Was möchte der Besucher?

121. A: *Import/Export International*, was kann ich für Sie tun?
B: Köhler von der Spedition *Fastsped*, guten Tag. Ich rufe wegen Ihrer Sendung an, die heute im Hamburger Hafen eintreffen sollte. Es gab eine Verzögerung, da unser Lkw vom Zoll kontrolliert wurde.
A: Ich hoffe doch, dass die Sendung trotzdem noch aufs Schiff verladen wird.

Was ist passiert?

122. A: Sind Sie noch in der Ausbildung?
B: Nein, ich bin seit einem Monat fertig. Letzte Woche habe ich die Nachricht erhalten, dass ich die Abschlussprüfung als Industriekauffrau bestanden habe.
A: Herzlichen Glückwunsch!

Warum wird der Frau gratuliert?

123. A: Wir müssen diese Woche unbedingt noch unseren Geschäftsbericht fertigstellen. Haben Sie die Statistiken der Einkaufsabteilung schon erstellt?
B: Ich bin dabei und werde wahrscheinlich morgen Vormittag fertig werden.
A: Das ist gut. Bitte sorgen Sie dafür, dass alle Statistiken bei der Besprechung morgen um 15 Uhr vorliegen. Die Auszubildende aus der Buchhaltung könnte Ihnen bei der Arbeit helfen.

Was erfahren wir in diesem Dialog?

124. A: Ich kann die CD mit den Eingangsrechnungen einfach nicht finden. Haben Sie eine Ahnung, wo sie sein könnte?
B: Eigentlich sollte sie im Aktenschrank in der Buchhaltung sein. Aber vielleicht ist sie seit dem Umzug in einem anderen Schrank.
B: Ja, seitdem wir umgezogen sind, findet man nichts mehr wieder.

Was sucht die Frau?

125. A: Guten Tag, Frau König. Ich habe Ihr Angebot von gestern erhalten und würde gern bei Ihnen bestellen. Ihr Konkurrent ist jedoch um 10 % billiger. Wären Sie bereit, mir einen Rabatt zu geben, nur für diese eine Bestellung?
B: Es tut mir leid, aber wenn wir noch weiter mit den Preisen heruntergehen, machen wir keinen Gewinn mehr.
A: Überlegen Sie es sich doch noch einmal. Ich würde lieber bei Ihnen bestellen, da Sie einen wirklich guten Service anbieten.

Was möchte der Anrufer erreichen?

126. A: *König Reisen GmbH*, Stieger, was kann ich für Sie tun?
B: Guten Tag, mein Name ist Radowsky von der *Schulz GmbH*. Ich möchte einen Flug von Berlin nach Toulouse für den 18. Juli buchen.
A: Business- oder Economyclass?
B: Businessclass. Könnten Sie außerdem in Toulouse einen Mietwagen für mich reservieren?
A: Kein Problem, Frau Radowsky.

Was möchte die Anruferin?

127. A: Haben Sie auch schon gehört, dass einige Mitarbeiter entlassen werden sollen?
B: Warum das denn, seit Anfang des Jahres schreibt die Firma doch wieder schwarze Zahlen!
A: Der Vorstand will aber weiterhin die Lohnkosten senken.
B: Dann könnte man doch erst einmal den älteren Kollegen eine Vorruhestandsregelung anbieten.

Was erfahren wir in dem Dialog?

128. A: Ich habe gehört, dass Sie sich ein Haus gekauft haben?
B: Ja, unsere Wohnung ist zu klein geworden, seitdem unser zweites Kind geboren wurde. Es ist ein sehr schönes Haus mit einem kleinen Garten.
A: Es freut mich, dass Sie das Richtige gefunden haben.

Warum hat der Mann ein Haus gekauft?

129. A: Entschuldigen Sie bitte, wie viel kostet dieser Stuhl?
B: Der Preis ist gerade heruntergesetzt worden, von 50 auf 30 Euro.
A: Das ist ein gutes Angebot.
B: Ja, aber es ist nur noch diese Woche gültig.

Wie viel kostet der Stuhl?

Sie hören jetzt drei längere Dialoge und je drei Fragen. Sie hören die Dialoge und die Fragen nur 1x. Sie dürfen sich keine Notizen machen. Nach dem Hören jeder Frage lesen Sie die Antworten. Dann markieren Sie die richtige Antwort. Eine Antwort ist richtig.

Dialog 1

Lohse: Kabelversand GmbH, Lohse. Guten Tag.

Keller: Guten Tag, hier ist Keller von der *Kabeltechnik KG.* Wir haben uns letzte Woche auf der Messe getroffen.

Lohse: Ah ja – Frau Keller! Guten Tag.

Keller: Ich rufe wegen des Auftrags an, den wir besprochen haben. Könnten Sie mir bitte noch einmal ein schriftliches Angebot zufaxen?

Lohse: Ja natürlich. Das war ein Angebot über 3000 m Stromversorgungskabel, nicht wahr?

Keller: Genau.

Lohse: Gut, das kann ich Ihnen noch heute per Fax zusenden.

Keller: Vielen Dank. Meine Faxnummer haben Sie?

Lohse: Ja, ich habe hier Ihre Visitenkarte.

Keller: Gut, dann bedanke ich mich und wünsche Ihnen noch einen angenehmen Tag.

Lohse: Danke. Auf Wiederhören.

Fragen von 130 bis 132

130. Woher kennen sich Herr Lohse und Frau Keller?

131. Aus welchem Grund ruft Frau Keller bei Herrn Lohse an?

132. Woher kennt Herr Lohse die Faxnummer von Frau Keller?

Dialog 2

Steiner: Frau Schöne, würden Sie bitte einen Moment in mein Büro kommen.

Schöne: Ja natürlich, sofort.

Steiner: Ich wollte nur kurz mit Ihnen die Vorbereitungen für die Konferenz am 3. März besprechen. Wir erwarten die Teilnehmer um 10 Uhr. Haben Sie schon alle Teilnahmebestätigungen?

Schöne: Nein. 15 der 20 Teilnehmer haben mir ihre Teilnahme bereits bestätigt. Die restlichen 5 Personen werde ich heute noch einmal telefonisch kontaktieren.

Steiner: Ja, das wäre das Beste. – Gut, was sollten wir noch besprechen? Ach ja, haben Sie alles bezüglich der Getränke und Speisen geklärt?

Schöne: Ja, das ist alles vorbereitet. Wir reichen Kaffee, Tee und kalte Getränke und die Speisen werden um 11.30 Uhr geliefert und angerichtet. Das dürfte alles geklärt sein.

Steiner: Gut, ich danke Ihnen. Kümmern Sie sich noch um die restlichen Teilnahmebestätigungen?

Schöne: Das werde ich sofort erledigen.

Fragen von 133 bis 135

133. Warum bittet Herr Steiner Frau Schöne in sein Büro?

134. Wie viele Personen haben die Teilnahme bestätigt?

135. Was hat Frau Schöne bereits wegen der Speisen und Getränke organisiert?

Dialog 3

Schreiter: Informationstechnik KG, Schreiter, guten Tag.

Gießhuber: Guten Tag, mein Name ist Gießhuber.

Schreiter: Guten Tag, Herr Gießhuber, was kann ich für Sie tun?

Gießhuber: Aus einer Annonce habe ich erfahren, dass Sie neue Mitarbeiter für Ihren IT-Bereich suchen. Ich bin gelernter Informatiker und möchte mich bei Ihnen bewerben. Könnten Sie mir mitteilen, an wen ich mich da wenden muss?

Schreiter: Für Bewerbungen im IT-Bereich ist Herr Fröbel verantwortlich. Er ist jedoch bis Ende nächster Woche auf Geschäftsreise im Ausland.

Gießhuber: Gut, ich rufe dann noch einmal an. Könnten Sie mir bitte seine Direktdurchwahl geben?

Schreiter: Ja natürlich, das ist die: 01 42 34 56 für die Firma, und dann die: 79, das ist die direkte Durchwahl von Herrn Fröbel. Also am 23. müsste er wieder im Haus sein. Versuchen Sie es am besten dann wieder.

Gießhuber: Ja, das werde ich machen. Vielen Dank und einen schönen Tag noch.

Schreiter: Danke. Auf Wiederhören.

Fragen von 136 bis 138

136. Warum ruft Herr Gießhuber bei der *Informationstechnik KG* an?

137. Wo ist Herr Fröbel?

138. Was wird Herr Gießhuber tun?

C Hörtexte

Sie hören jetzt zwei Texte und mehrere Fragen. Sie hören die Texte 2x, die Fragen nur 1x. Sie dürfen sich keine Notizen machen.
Nach dem Hören lesen Sie die Antworten. Dann markieren Sie die richtige Antwort.
Eine Antwort ist richtig.

Hörtext 1

Karrieristen ohne Kinderstube

In puncto sozialer Kompetenz und persönlichen Auftretens weisen Bewerber heute die größten Defizite auf. Eine Befragung von 112 Personalverantwortlichen aus führenden deutschen Unternehmen durch die Managementberater von *Kienbaum* ergab: 57 Prozent der Personalexperten halten Jobanwärter nicht für überzeugend, wenn es um Fragen wie Teamfähigkeit und Kooperation geht. Fehlende Berufserfahrung geben dagegen nur ein Drittel der Personalleiter als Grund an, der Neueinstellungen verhindert.

Viele fachlich interessante Talente wissen nicht, wie sie sich präsentieren sollen. „Das Fachwissen und die immer höhere Spezialisierung sind große Themen, aber auch die soziale Seite ist enorm wichtig. Die Hälfte der Bewerber scheitert daran", berichtet Tobias Nickel, Personalleiter beim Autohersteller *BMW* in München. „Die High Potentials sind oft nicht die *right* Potentials."

(Sie hören den Text nun noch einmal.)

Fragen von 139 bis 142

139. Was sind die größten Defizite der Bewerber?

140. Welches Ergebnis ergab die Befragung von 112 Personalverantwortlichen aus führenden deutschen Unternehmen?

141. Was ist das Problem vieler Bewerber?

142. Woran scheitert die Hälfte der Bewerber?

Hörtext 2

Champagner wird knapp

Nicht nur zum Jahreswechsel wird Champagner knapp: Die Hersteller des Luxusgetränks arbeiten das ganze Jahr über hart an der Kapazitätsgrenze. Von der auf 34 000 Hektar beschränkten Anbaufläche werden bereits 31 800 Hektar für den Weinanbau genutzt. Gleichzeitig steigt die weltweite Nachfrage nach Champagner rasant. „Bisher haben wir jedes Mal, wenn die Verkäufe stiegen, mehr angepflanzt", sagt Philippe Wilbrotte, Sprecher des Berufsverbandes. „Aber das geht jetzt bald nicht mehr."

Um auch in Zukunft wachsen zu können, setzt die Branche nun auf höherwertige Produkte, mit denen sich vor allem im Ausland mehr verdienen lässt. „Wir setzen jetzt bei der Werbung verstärkt auf Jahrgangs-champagner und Prestige-Cuvées", sagt Cyril Brun von *Veuve Clicquot*. Der Trend gehe zur Aufwertung der Produktpalette, meint auch *Mumm*-Kommunikationschef Cavil; das Champagnerhaus peilt wie seine Konkurrenten zukünftig Preise ab 25 Euro aufwärts an und hofft, vor allem mehr Abnehmer im Ausland zu finden.

(Sie hören den Text nun noch einmal.)

Fragen von 143 bis 146

143. Wie wird der Champagnermarkt beschrieben?

144. Welche Maßnahmen ergriffen Champagnerproduzenten bisher, wenn die Verkäufe anstiegen?

145. Welche Entwicklung ist zu beobachten?

146. Welche Effekte erhofft man sich von den neuen Strategien?

D Interview

Sie hören jetzt ein Interview und mehrere Fragen. Sie hören das Interview 2x, die Fragen nur 1x. Sie dürfen sich keine Notizen machen.
Nach dem Hören lesen Sie die Antworten. Dann markieren Sie die richtige Antwort.
Eine Antwort ist richtig.

Bildung schafft Wachstum

Die *Frankfurter Rundschau* sprach mit *McKinsey*-Chef Jürgen Kluge.

FR: Warum mischt sich die Unternehmensberatung *McKinsey* in die Debatte über Bildung ein?

Jürgen Kluge: Uns war schon vor der ersten *PISA*-Studie klar, dass Bildung ein enorm wichtiges, aber gleichzeitig ein stark vernachlässigtes Thema ist. Nur Bildung schafft letztlich Wachstum. Außerdem gehört pro-bono-Arbeit zu unserer Firmenkultur. Drei bis fünf Prozent unseres Zeitbudgets stellen wir unentgeltlich für soziale, kulturelle oder gesellschaftspolitische Projekte zur Verfügung.

FR: Was passiert, wenn im Bildungswesen nichts passiert?

Jürgen Kluge: Bildungsverlust heißt Innovationsverlust und damit Wohlstandsverlust. Wir sind schon mittendrin in diesem schleichenden Prozess. Die Qualität verfällt langsam.

FR: Aber Deutschland braucht sich doch nicht zu verstecken. Wir sind Exportweltmeister. In keinem anderen europäischen Land werden so viele Patente angemeldet.

Jürgen Kluge: Bei den Erfindungen sind wir noch sehr gut, nicht aber bei deren kommerzieller Umsetzung. Der *iPod*, um nur ein Beispiel zu nennen, beruht letztlich auf einer Erfindung aus Deutschland. Zum Erfolg gemacht wurde er in Kalifornien, produziert wird er in China. Künftig müssen Techniker mehr von Wirtschaft verstehen und Kaufleute mehr von Technik.

FR: Ist das das einzige Problem?

Jürgen Kluge: Nein. Wir steuern auf einen massiven Mangel an Führungskräften und Experten zu. Mittelqualifizierte werden zunehmend weniger gebraucht.

FR: Autobauer beschäftigen aber Tausende solcher Facharbeiter.

Jürgen Kluge: Aber die Art und Weise der Produktion ändert sich. Beim Chiphersteller *Intel* etwa stellen die besten Experten in den USA eine Pilotfabrik hin. Die wird dann überall in der Welt exakt kopiert. Sie haben eine Elite, die Prozesse und Standards festlegt. Für die Massenproduktion werden nur noch Mitarbeiter mit relativ geringer Qualifikation, die schnell erlernbar ist, benötigt. Letztlich ist die Produktion in einem Hochlohnland nicht oder nur schwer zu verteidigen.

FR: Was folgt daraus für das Bildungswesen?

Jürgen Kluge: Es muss sehr gut sein und es muss jedem Einzelnen ermöglichen, sein Potenzial auszuschöpfen. Investitionen in Bildung rentieren sich. In frühkindlicher Bildung stecken die größten Potenziale. Da erreichen Sie eine Verzinsung des eingesetzten Geldes von zehn bis zwölf Prozent, weil besser ausgebildete Menschen mehr leisten, sich auf dem Arbeitsmarkt durchsetzen und weniger staatliche Unterstützung benötigen.

FR: Herr Kluge, wir bedanken uns für das Gespräch.

(Sie hören das Interview nun noch einmal.)

Fragen von 147 bis 150

147. Welche Bedeutung hat das Thema Bildung für Jürgen Kluge?

148. Worin sieht Jürgen Kluge das Problem auf dem derzeitigen Arbeitsmarkt?

149. Auf welche Veränderung weist das Beispiel des Chipherstellers *Intel* hin?

150. Was stellt Jürgen Kluge über das Verhältnis von Bildung und Investition fest?

Lösungen

Übungsteil

Teil 1 Fachlexik

A Synonyme

1. b, 2. a, 3. d, 4. b, 5. a, 6. c, 7. d, 8. b, 9. d, 10. a, 11. c, 12. b, 13. c, 14. a, 15. c, 16. b, 17. c, 18. a, 19. b, 20. d, 21. c, 22. a, 23. d, 24. b, 25. a, 26. d, 27. c, 28. b, 29. d, 30. a, 31. b, 32. d, 33. b, 34. a, 35. c, 36. b, 37. a, 38. d, 39. b, 40. a, 41. b, 42. a, 43. c, 44. c, 45. d, 46. a, 47. b, 48. c, 49. d, 50. b.

B Sprachbausteine

1. c, 2. b, 3. a, 4. d, 5. a, 6. c, 7. b, 8. a, 9. c, 10. d, 11. d, 12. c, 13. a, 14. b, 15. d, 16. b, 17. a, 18. c, 19. c, 20. a, 21. c, 22. a, 23. d, 24. b, 25. c, 26. a, 27. d, 28. b, 29. d, 30. a, 31. b, 32. d, 33. d, 34. c, 35. a, 36. b, 37. c, 38. d, 39. a, 40. b, 41. b, 42. d, 43. d, 44. c, 45. c, 46. c, 47. d, 48. a, 49. a, 50. b.

C Handelskorrespondenz

1. Anfrage	1. c, 2. a, 3. c, 4. b, 5. b, 6. c, 7. a, 8. a, 9. b, 10. b.
2. Angebot	1. b, 2. c, 3. a, 4. a, 5. c, 6. a, 7. b, 8. b, 9. a, 10. c.
3. Bestellung	1. b, 2. b, 3. a, 4. c, 5. a, 6. c, 7. b, 8. c, 9. a, 10. c.
4. Reklamation	1. b, 2. c, 3. a, 4. c, 5. a, 6. c, 7. a, 8. b, 9. c, 10. a.
5. Stundung	1. b, 2. a, 3. c, 4. c, 5. c, 6. a, 7. b, 8. b, 9. a, 10. b.
6. Partnersuche	1. b, 2. c, 3. a, 4. a, 5. a, 6. c, 7. b, 8. a, 9. c, 10. c.
7. Bewerbung	1. a, 2. c, 3. a, 4. b, 5. c, 6. a, 7. c, 8. c, 9. a, 10. b.
8. Reservierung	1. a, 2. a, 3. b, 4. a, 5. a, 6. c, 7. b, 8. b, 9. c, 10. a.

D Erläuterung einer Grafik

1. Werbung	1. c, 2. c, 3. d, 4. b, 5. d, 6. a, 7. c.
2. Urlaub	1. d, 2. c, 3. b, 4. a, 5. c, 6. d, 7. c, 8. b, 9. b.
3. Mittelstand	1. b, 2. d, 3. c, 4. a, 5. b, 6. c, 7. a, 8. b, 9. c, 10. b.
4. Flugreisen	1. c, 2. b, 3. b, 4. c, 5. d, 6. a, 7. b, 8. d, 9. c, 10 a.
5. Amtshilfe	1. c, 2. b, 3. a, 4. a, 5. d, 6. c, 7. c, 8. b.
6. Schulsachen	1. c, 2. d, 3. a, 4. c, 5. d, 6. a, 7. b, 8. c, 9. b, 10. d.
7. Arbeitsmarkt	1. b, 2. c, 3. a, 4. b, 5. d, 6. c, 7. a, 8. d, 9. d.
8. Umweltschutz	1. c, 2. b, 3. d, 4. b, 5. a, 6. b, 7. c, 8. a, 9. c, 10. c.

E Anzeigen

1. Deutsche Post	1. a, 2. d, 3. b, 4. b, 5. c, 6. a, 7. d, 8. a.
2. ERGO	1. b, 2. c, 3. a, 4. c, 5. d, 6. a, 7. d, 8. a.
3. Arbeit für Junge	1. c, 2. d, 3. b, 4. d, 5. a, 6. a, 7. b, 8. d, 9. c, 10. d.
4. SAP	1. a, 2. b, 3. c, 4. d, 5. c, 6. b, 7. a, 8. b, 9. c, 10. d.
5. KölnMesse	1. c, 2. d, 3. b, 4. c, 5. c, 6. c, 7. a, 8. b, 9. b, 10. c.
6. Deutsche Bank	1. a, 2. c, 3. b, 4. b, 5. c, 6. b, 7. d, 8. b.
7. WestLB	1. c, 2. b, 3. d, 4. b, 5. c, 6. d, 7. a, 8. a, 9. b, 10. d.
8. Braunkohle	1. d, 2. c, 3. b, 4. b, 5. a, 6. c, 7. d, 8. d, 9. b, 10. d, 11. c, 12. b.

Teil 2 Grammatik

A Deklinationen

1. b, 2. d, 3. d, 4. b, 5. c, 6. a, 7. c, 8. d, 9. a, 10. b, 11. b, 12. c, 13. c, 14. d, 15. d, 16. d, 17. d, 18. c, 19. a, 20. b, 21. c, 22. b, 23. b, 24. b, 25. d, 26. d, 27. b, 28. c, 29. b, 30. d, 31. c, 32. a, 33. d, 34. c, 35. a, 36. d, 37. d, 38. b, 39. d, 40. b, 41. d, 42. d, 43. a, 44. d, 45. d, 46. a, 47. c, 48. d, 49. b, 50. b, 51. a, 52. d, 53. a, 54. c, 55. d, 56. b, 57. a, 58. c, 59. d, 60. d.

B Verbformen

1. a, 2. d, 3. b, 4. d, 5. d, 6. b, 7. a, 8. c, 9. d, 10. b, 11. c, 12. d, 13. d, 14. d, 15. d, 16. b, 17. d, 18. d, 19. c, 20. b, 21. c, 22. d, 23. b, 24. a, 25. d, 26. d, 27. d, 28. d, 29. c, 30. b, 31. a, 32. d, 33. c, 34. b, 35. a, 36. d, 37. c, 38. d, 39. b, 40. c, 41. c, 42. d, 43. d, 44. d, 45. d, 46. b, 47. b, 48. c, 49. d, 50. c, 51. b, 52. b, 53. c, 54. c, 55. b, 56. c, 57. b, 58. c, 59. b, 60. b.

C Präpositionen/Adverbien

1. b, 2. c, 3. d, 4. b, 5. b, 6. c, 7. a, 8. d, 9. c, 10. b, 11. c, 12. c, 13. b, 14. b, 15. d, 16. d, 17. c, 18. b, 19. a, 20. b, 21. b, 22. a, 23. c, 24. d, 25. b, 26. d, 27. d, 28. b, 29. b, 30. c, 31. c, 32. c, 33. b, 34. d, 35. c, 36. b, 37. d, 38. b, 39. b, 40. d, 41. d, 42. c, 43. d, 44. c, 45. d, 46. b, 47. d, 48. b, 49. d, 50. d, 51. c, 52. d, 53. a, 54. c, 55. b, 56. d, 57. a, 58. d, 59. b, 60. a.

D Konjunktionen/Pronomen

1. c, 2. c, 3. b, 4. d, 5. d, 6. d, 7. b, 8. b, 9. d, 10. c, 11. d, 12. d, 13. a, 14. d, 15. d, 16. b, 17. a, 18. c, 19. b, 20. d, 21. b, 22. a, 23. c, 24. c, 25. b, 26. b, 27. c, 28. c, 29. c, 30. b, 31. d, 32. b, 33. d, 34. b, 35. c, 36. a, 37. d, 38. c, 39. d, 40. c, 41. a, 42. d, 43. d, 44. c, 45. c, 46. a, 47. c, 48. b, 49. d, 50. d, 51. d, 52. b, 53. a, 54. c, 55. b, 56. b, 57. a, 58. d, 59. b, 60. c.

E Sprachbausteine

1. b, 2. d, 3. a, 4. d, 5. d, 6. a, 7. b, 8. d, 9. b, 10. c, 11. c, 12. d, 13. d, 14. c, 15. d, 16. d, 17. c, 18. a, 19. d, 20. b, 21. a, 22. d, 23. d, 24. c, 25. a, 26. c, 27. d, 28. c, 29. d, 30. a, 31. b, 32. c, 33. a, 34. d, 35. d, 36. a, 37. a, 38. c, 39. d, 40. c, 41. d, 42. c, 43. b, 44. b, 45. d, 46. a, 47. b, 48. b, 49. a, 50. c, 51. d, 52. b, 53. c, 54. d, 55. b , 56. c, 57. d, 58. c, 59. b, 60. c.

Teil 3 Leseverstehen

Text

1	1. a, 2. b, 3. a.
2	1. b, 2. b, 3. a, 4. b, 5. b.
3	1. b, 2. b, 3. c, 4. a.
4	1. c, 2. a, 3. a, 4. c.
5	1. b, 2. c, 3. c.
6	1. c, 2. d, 3. a, 4. d.
7	1. d, 2. c, 3. c.
8	1. b, 2. b, 3. a, 4. c, 5. a, 6. c.
9	1. c, 2. b, 3. a, 4. a.
10	1. d, 2. b, 3. a, 4. c.
11	1. b, 2. c, 3. d, 4. d.
12	1. c, 2. b, 3. d, 4. a.
13	1. c, 2. d, 3. d, 4. c.
14	1. b, 2. c, 3. d, 4. b.
15	1. a, 2. b, 3. c, 4. a, 5. d.
16	1. b, 2. b, 3. d, 4. b, 5. d, 6. a, 7. c.

17 1. c, 2. d, 3. a, 4. b, 5. a, 6. d.
18 1. b, 2. b, 3. d, 4. a.
19 1. b, 2. a, 3. c, 4. b.
20 1. d, 2. b, 3. b, 4. c, 5. b, 6. d.

Teil 4 Hörverstehen

A Einfache Aussagen

1. a, 2. c, 3. a, 4. b, 5. b, 6. b, 7. c, 8. a, 9. a, 10. b, 11. a, 12. d, 13. b, 14. c, 15. c, 16. c, 17. c, 18. c, 19. b, 20. c.

B Dialoge
Kurze Dialoge

1. a, 2. c, 3. d, 4. c, 5. d, 6. d, 7. b, 8. b, 9. a, 10. c, 11. b, 12. c, 13. a, 14. b, 15. c, 16. b, 17. d, 18. c, 19. d, 20. b.

Längere Dialoge

21. b, 22. c, 23. a, 24. d, 25. c, 26. b, 27. a, 28. d, 29. c, 30. d.

C Hörtexte

Hörtext 1 1. c, 2. b, 3. c, 4. b, 5. d.
Hörtext 2 6. a, 7. c, 8. b, 9. c, 10. a.

D Interviews

Interview 1 1. b, 2. d, 3. c, 4. b, 5. d, 6. b.
Interview 2 7. b, 8. d, 9. a, 10. b, 11. a, 12. d.

Lösungen

Modelltest

Teil 1 Fachlexik

A Synonyme

1. b, 2. a, 3. c, 4. a, 5. c, 6. a, 7. b, 8. c, 9. d, 10. c.

B Sprachbausteine

11. b, 12. c, 13. b, 14. c, 15. b, 16. a, 17. c, 18. a, 19. d, 20. c, 21. c, 22. a, 23. c, 24. b, 25. c, 26. c, 27. b.

C Handelskorrespondenz

28. b, 29. b, 30. a, 31. c, 32. c, 33. a, 34. a, 35. b, 36. a, 37. a.

D Erläuterung einer Grafik

38. c, 39. a, 40. b, 41. b, 42. b, 43. d.

E Anzeige

44. b, 45. d, 46. a, 47. d, 48. a, 49. c, 50. a.

Teil 2 Grammatik

51. a, 52. d, 53. b, 54. d, 55. c, 56. c, 57. d, 58. c, 59. b, 60. a, 61. b, 62. d, 63. a, 64. b, 65. a, 66. c, 67. c, 68. d, 69. b, 70. b.

Teil 3 Leseverstehen

Text

1 71. a, 72. b, 73. b, 74. a, 75. a.
2 76. b, 77. a, 78. a, 79. b, 80. b, 81. c.
3 82. b, 83. d, 84. d, 85. c, 86. c, 87. c.
4 88. d, 89. c, 90. a, 91. c, 92. c, 93. b.
5 94. b, 95. a, 96. a, 97. b, 98. d, 99. b, 100. d.

Teil 4 Hörverstehen

A Einfache Aussagen

101. a, 102. b, 103. c, 104. a, 105. a, 106. b, 107. b, 108. c, 109. a, 110. b, 111. a, 112. c, 113. c, 114. a, 115. b.

B Dialoge

Kurze Dialoge

116. b, 117. b, 118. d, 119. b, 120. c, 121. b, 122. b, 123. a, 124. b, 125. d, 126. d, 127. d, 128. d, 129. c.

Längere Dialoge

Dialog 1 130. c, 131. a, 132. c.
Dialog 2 133. c, 134. c, 135. d.
Dialog 3 136. d, 137. c, 138. a.

C Hörtexte

Hörtext 1 139. b, 140. a, 141. b, 142. d.
Hörtext 2 143. d, 144. b, 145. a, 146. b.

D Interview

147. c, 148. b, 149. a, 150. c.

Quellenverzeichnis für Texte und Abbildungen

S. 25	Grafik und Text (nach): GLOBUS Infografik GmbH
S. 26	Grafik und Text (nach): Institut der deutschen Wirtschaft Köln, iwd, Nr. 24, 2007
S. 27	Grafik und Text (nach): iwd, Nr. 23, 2007
S. 28	Grafik und Text (nach): iwd, Nr. 33, 2007
S. 29	Grafik: GLOBUS Infografik GmbH; Text (nach): Informationen zur politischen Bildung, Nr. 293, 2006
S. 30	Grafik und Text (nach): iwd, Nr. 34, 2007
S. 31	Grafik und Text (nach): GLOBUS Infografik GmbH
S. 32	Grafik und Text (nach): iwd, Nr. 29, 2007
S. 34	Anzeige ERGO
S. 35	Anzeige Bundesanstalt für Arbeit, Europäische Gemeinschaft
S. 36	Anzeige SAP Aktiengesellschaft
S. 37	Anzeige KölnMesse
S. 38	Anzeige Deutsche Bank
S. 40	Anzeige Braunkohle DEBRIV, Deutscher Braunkohlen-Industrie-Verein e. V.
S. 59	Thomas Bundschuh, Messe informiert über Chancen bei Zeitarbeit, Süddeutsche Zeitung, 24./25. 4. 1999
S. 60	contact, Oktober 1998
S. 61	Deutsch-Französische Industrie- und Handelskammer
S. 62	contact, September 1998
S. 63	contact, Februar 1999
S. 64	Süddeutsche Zeitung, 8. 6. 2007
S. 66	(nach) Süddeutsche Zeitung, 13. 8. 2004
S. 68	Andreas Roß, Lauingens türkische Seite, Süddeutsche Zeitung, 24./25. 4. 1999
S. 69	Süddeutsche Zeitung, 7. 6. 2007
S. 71	(nach) Frankfurter Allgemeine Zeitung, 8. 8. 2005
S. 72	contact, Februar 1999
S. 74	(nach) Frankfurter Rundschau, 14. 8. 2004
S. 79	contact, April 1999
S. 81	contact, Februar 1999
S. 102*	(nach) Süddeutsche Zeitung, 14. 7. 2007
S. 103*	Der Spiegel, Nr. 27, 2007
S. 110	Grafik und Text (nach): GLOBUS Infografik GmbH
S. 115	(nach) Hamburger Abendblatt, 9. 6. 2007
S. 116	(nach): iwd, Nr. 3, 2008
S. 117	(nach) Frankfurter Allgemeine Zeitung, 1. 8. 2005
S. 119	(nach) Frankfurter Allgemeine Zeitung, 17. 8. 2005
S. 121	(nach) Die Welt, 23. 5. 2005
S. 135*	„Karrieristen ohne Kinderstube": (nach) Handelsblatt, 7. 1. 2006
S. 136*	„Champagner wird knapp": (nach) Die Welt, 31. 12. 2005
S. 137*	„Bildung schafft Wachstum": (nach) Frankfurter Rundschau, 31. 12. 2005

* Als Hörtext auch auf der CD

CD

Index	Sprechzeit ca.	**Übungsteil**	Index	Sprechzeit ca.	**Modelltest**
2–21	6' 00''	A Einfache Aussagen	49–63	7' 35''	A Einfache Aussagen
22–43	14' 50''	B Dialoge	64–80	17' 25''	B Dialoge
44–45	5' 13''	C Hörtexte	81–82	6' 06''	C Hörtexte
46–47	7' 30''	D Interviews	83	5' 00''	D Interview